Banner & Flaggen
Eine sichtbare Proklamation der Kraft Gottes
Jackie Howard

Banner & Flaggen

Eine sichtbare Proklamation
der Kraft Gottes

Jackie Howard

Bibelstellen wurden zitiert nach: Lutherbibel, Revidierte Fassung 1984 und Die Bibel in heutigem Deutsch.

Titel der holländischen Originalausgabe: Vlaggen & Banieren
Copyright © 1997 by Jackie Howard
Die holländische Originalausgabe ist erschienen bei:
Good News Publishers, P. O. Box 393, NL-4380 AJ Vlissingen, Holland.
Copyright © der deutschen Ausgabe: 1998 ASAPH-Verlag, D-Lüdenscheid.
Alle Rechte vorbehalten.
Satz: CONVERTEX, D-Aachen
Druck: Breklumer Druckerei M. Siegel, D-Breklum

ISBN: 3-931025-27-6

Best.-Nr.: 147527

Printed in Germany

Für kostenlose Informationen über unser umfangreiches Lieferprogramm an Büchern, Musik usw. schreiben Sie bitte an:

ASAPH, D-58478 Lüdenscheid
eMail: asaph@t-online.de

INHALT

1. DIE WIEDERHERSTELLUNG DER HÜTTE DAVIDS... 7
2. DIE GESCHICHTE VON BANNERN UND FLAGGEN .. 13
3. DIE FUNKTION VON BANNERN UND FLAGGEN 19
4. DIE HERRLICHKEIT GOTTES 31
5. FARBEN UND SYMBOLE........................ 35
6. DIE ANFERTIGUNG VON BANNERN 45
7. PROZESSIONEN UND UMZÜGE 51
8. KÖNIGSTÖCHTER 57

1
DIE WIEDERHERSTELLUNG DER HÜTTE DAVIDS

Ein prophetischer Wind weht über die Nationen ... Der Heilige Geist Gottes bricht sich durch alte Strukturen, und in seinem Fluß bringt er Befreiung und Reinigung, er fügt Menschen zueinander und gibt Offenbarungen. Wir hören kleine Kinder prophezeien, Frauen nehmen wieder ihre Position in der Gemeinde ein, und Gläubige wie du und ich werden für den Dienst ausgerüstet. Im Anbetungsdienst entstehen spontan durch den Geist inspirierte neue Lieder, Musiker erreichen neue Dimensionen in der Freiheit, und ihre Instrumente werden unter ihren Händen ein Mittel, um zu prophezeien. Unter der Salbung des Heiligen Geistes sehen wir Tänzer ihre ersten Schritte tun ... In der ganzen Welt sehen wir um uns herum Banner, jung und alt fangen an, ihre Fahnen zu schwenken. Farben, Kunst und Kreativität nehmen wieder ihren Platz im Leib Christi ein. Wie aufregend und wie neu, wir befinden uns auf einem spannenden Weg, der Veränderungen im geistlichen Bereich bringt. Wir erfahren eine neue, höhere Dimension in der Anbetung, und Gott wird uns in seiner Herrlichkeit neu geoffenbart. Aus uns werden geistliche Kämpfer gemacht, und zur gleichen Zeit wächst in uns das Verlangen, die Herrlichkeit Gottes zu erfahren, so daß die Welt ihn sehen kann und schließlich finden wird.

Es ist der prophetische Wind Gottes, der uns in diesen neuen Fluß einmünden läßt, denn Gott hat einen Plan ... einen mächtigen Plan, er wird ihn durch seine eigene Armee, sein Volk ausführen lassen.

8 / Banner & Flaggen

GOTT STELLT WIEDER HER

> *"Danach werde ich mich euch zuwenden, sagt der Herr, und die verfallene Hütte Davids wieder aufbauen. Aus den Trümmern werde ich sie von neuem errichten. Das werde ich tun, damit auch die übrigen Menschen nach mir fragen, alle Völker, die doch von jeher mein Eigentum sind. Ich, der Herr, werde tun, was ich seit Urzeiten beschlossen habe."*
>
> Apostelgeschichte 15,16-17

Die Hütte Davids ist das Zelt, das er aufgebaut hatte, um die Bundeslade zu bewahren. Die Bundeslade befand sich in Kirjat-Jearim in der Zeit des Saul, aber er hatte sie nicht beachtet. David jedoch, der Mann nach Gottes Herzen, war ein Anbeter. Sein Herz kannte nur einen Wunsch: Gott zu dienen und ihn anzubeten. Von seiner Kindheit an war David mit der Stille der Felder vertraut, und er wuchs auf in der Stille mit Gott, während er sang und Harfe spielte. Sein Streben war nicht, einen „Dienst" zu finden, sondern in dem, was er tat, als einfacher Knecht des Herrn, treu zu sein. Aber Gott sieht ins Verborgene, und so konnte es geschehen, daß David plötzlich gerufen und zum König gesalbt wurde.

Eines Tages konnte David es nicht länger ertragen, daß der Bundeslade (welche die Gegenwart Gottes darstellte) keine Beachtung geschenkt und sie vernachlässigt wurde. Er rief das Volk Israel auf, zusammenzukommen und die Bundeslade in einer Prozession an einen neuen Ort zu bringen. Sänger, Priester, Leviten und Musiker in großer Vielfalt wurden angestellt, und er selbst leitete den Umzug, indem er vor der Bundeslade hertanzte.

> *"Ganz Israel stimmte jubelnd in den Klang der Hörner, Trompeten, Becken, Harfen und Lauten mit ein. So geleiteten sie die Lade des Herrn zu ihrem neuen Platz. Einigen Leviten, die bei der Einholung der Bundeslade als Sänger mitgewirkt hatten, gab David den Auftrag, ... den Gott Israels mit ihren Liedern zu rühmen, zu loben und zu preisen ... sie alle sollten zu ihrem Gesang auf Harfen und Lauten*

spielen, und Asaph sollte die Becken schlagen ... vor der Bundeslade ... die Trompeten zu blasen."

1. Chronik 15,28; 16,4-6

Während die traditionellen Brandopfer so wie immer in Gibeon weitergehen (1. Chr.16,39-40), wobei das wichtigste – nämlich die Bundeslade, die Gottes Gegenwart darstellt, – noch nicht mal gegenwärtig ist, fängt David eine neue Ordnung im Dienst an, wo Leviten in aller Freiheit vierundzwanzig Stunden pro Tag in der Gegenwart Gottes ihren Dienst ausüben dürfen.

Was damals geschah, ist für unsere Zeit prophetisch. Die Christen der Generation, die zur Endzeit gehört, werden so wie David eine Generation von echten Anbetern und Kämpfern sein. Weil Gott selbst die Stiftshütte Davids wiederherstellen wird und wieder aufbauen, was von ihr verloren gegangen ist.

DER DAVIDISCHE LOBPREIS
David war ein Mann mit vielen verschiedenen Talenten. Er war Musiker, Komponist, Sänger, Anbeter, Prophet, Fürbitter, König und Kämpfer. Er hatte die Vision, eine neue Form in der Anbetung einzuführen. Er gab den Auftrag, für die viertausend Leviten Musikinstrumente anzufertigen und eine spezielle Schule für die Ausbildung von Musikern einzurichten (1. Chronik 25).

Von den Musikern wurde erwartet, daß sie mit ihren Instrumenten prophezeien konnten, und wenn auch ein Unterschied zwischen den Schülern und denen gemacht wurde, die ganz ausgebildet waren, so war es natürlich jedem erlaubt, an den normalen Diensten teilzunehmen. Davids Motto war: Wenn du etwas für den Herrn tust, dann tue es gut! Psalm 78,72 sagt, daß David sein Volk mit geschickter Hand leitete. Die Salbung ist wichtig, die Liebesbeziehung zum Herrn die einzig richtige Motivation. Wenn jedoch die technischen Kapazitäten kümmerlich sind, wird man nie wirklich fähig sein, die Majestät und Herrlichkeit Gottes ausdrücken zu können.

In den 73 Psalmen, die David geschrieben hat, finden wir viel Information über die Methoden, von denen David beim Lobpreis Gebrauch machte.

Prophetische Lieder
„Singt dem Herrn ein neues Lied!" Psalm 98,1
„Gott, ich will ein neues Lied für dich singen, auf der Harfe von zehnsaitigen Harfe, will ich für dich spielen." Psalm 144,9

Vielfalt der Instrumente
„Lobt Gott mit Hörnerschall, lobt ihn mit Harfen und Lauten! Lobt Gott mit Trommeln und Freudentanz, mit Flöten und mit Saitenspiel! Lobt Gott mit klingenden Zimbeln, lobt ihn mit schallenden Becken! Alles, was atmet, soll den Herrn rühmen!" Psalm 150

Tanz
„Rühmt ihn mit festlichem Reigentanz ... Du hast mein Klagelied in einen Freudentanz verwandelt, mir statt des Trauerkleids ein Festgewand gegeben." Psalm 149,3; 30,12

Flaggen
„Dann wollen wir voll Freude jubeln, weil er dir zum Sieg verholfen hat. Den Namen unseres Gottes wollen wir rühmen und unsere Feldzeichen hochheben." Psalm 20,6

Banner
„Du hast doch ein Zeichen (Banner) gegeben denen, die dich fürchten, damit sie fliehen können vor dem Bogen." Psalm 60,6

Jubel und Jauchzen
„Klang von Jubel und Heil ist in den Zelten der Gerechten." Psalm 118,15
„Jubelt dem Herrn zu, ihr Bewohner der Erde! Stellt euch freudig in seinen Dienst! Kommt zu ihm mit lautem Jauchzen!" Psalm 100,1.2

Körperlicher Ausdruck
„Betet an den Herrn in heiligem Schmuck." Psalm 96,9
„Mein Leben lang will ich dir danken und dir meine Hände im Gebet entgegenstrecken." Psalm 63,5

Verkündigung und Kriegsführung

"Alle, die deine Hilfe begehren, sollen immer wieder rufen: ‚Gott ist groß!'" Psalm 70,5

"Mit lauter Stimme sollen sie ihn preisen, scharfe Schwerter in ihren Händen! Sie sollen Gottes Gericht vollziehen, an allen Völkern Vergeltung üben ..." Psalm 149,6,7

Alle diese verschiedenen Arten von Lob haben wir über die Jahre verloren, Gott ist jedoch dabei, sie wiederherzustellen. Auf die gleiche Weise, wie der Geist im Moment die Gaben im Leib Christi wiederherstellt, so wie die Propheten und Apostel ihre Stellung einnehmen, so bringt Gott auch den Davidischen Lobgesang wieder zurück. In den 70er und 80er Jahren konnten wir eine neue Welle von Lobgesang in der Kirche sehen: Gitarre, Schlagzeug und Keyboard nahmen den Platz der Kirchenorgel ein. Danach wurde im Volk Gottes das Prophetische wiederhergestellt. Das Ergebnis waren neue Lieder, die durch den Geist entstanden. Diese beiden Faktoren bilden gemeinsam die notwendige Grundlage für die Widerherstellung des letzten Teils des Davidischen Lobgesangs: den Tanz.

Ohne prophetische Lieder und Musik wird es Tanz, Schauspiel und Drama nie gelingen, aufzuerstehen und sich in Freiheit und Kraft zu entwickeln. Und so, wie wir den Tanz wieder in Ehre im Leib Christi hergestellt sehen, so werden auch die Künste wieder zu neuem Leben erwachen. Der Anfang wird schon mit der Dekoration der Gemeindesäle gemacht und durch das Erheben der Flaggen und Banner, die kunstvoll gefertigt sind und mit ihrer Farbenvielfalt die Herrlichkeit des Herrn sichtbar machen. Gott ist ein Gott der Farben. Wie sehr verlangt er danach, daß wir alles Graue, alle Zurückgezogenheit und Scham von uns abwerfen, so daß die kreativen Gaben, die er in uns gelegt hat, sich entfalten können.

Die Braut wird geschmückt, denn der Bräutigam kommt! Viele neue „Salbungen" sollen noch offenbart werden, und ganz besonders auf dem Gebiet des kreativen Ausdrucks. Gemeinden, die im Strom dieser neuen Bewegung des Heiligen Geistes mitgehen, werden ganz neue Freiheit im Lobpreis erfahren. Mächtige Erscheinungen werden stattfinden, Kämpfer ohne Furcht werden sich erheben, wir als Gläubige werden neue Dimensionen des

Glaubens erforschen und dann – dann wird der Moment anbrechen, daß die Gemeinde Jesu Christi endlich die Mauern der Kirche durchbrechen und ihre Augen auf die richten wird, die sich in Not befinden; wir werden durch die Straßen marschieren in Umzügen mit Bannern, mit Herzen voller Anteilnahme, evangelisierend und mit kräftigen Wundern, die uns folgen. Etwas Neues wird aus unserem Mund zu hören sein, etwas, daß Menschen anrühren wird, damit das Wort des Propheten Amos sich erfüllt:

> *Der Herr sagt: „Es kommt der Tag, an dem ich die verfallene Hütte Davids wieder aufrichten werde ... so daß das Haus Davids in alter Pracht wiederersteht.*
> *Die Leute von Israel werden dann den Überrest von Edom* (die Heiden) *in Besitz nehmen und ebenso alle Nachbarländer, über denen einst mein Name ausgerufen wurde. Ich, der Herr, sage das und werde es auch tun."*
> Amos 9,11-12 (freie Übersetzung)

❷ DIE GESCHICHTE DER BANNER UND FLAGGEN

Wo kommen Banner und Flaggen her? Was ist ihre Funktion und ihre Bedeutung? Wie können wir sie in der Gemeinde, zu Hause oder auf den Straßen gebrauchen?

HOCH MIT DEN FLAGGEN!
Wenn wir die Vergangenheit ansehen, bemerken wir, daß Banner und Flaggen (auch bekannt als Paniere oder Standarten) oft mit Kriegsführung in Verbindung gebracht wurden. Wann immer irgendwo ein Krieg ausbrach, wurden die Männer gerufen, ihre Waffen zu ergreifen, oder, wie es in Amerika und England heißt, zu ihren Fahnen gerufen (die amerikanische Flagge trägt den Namen „Stars and Stripes" und die englische „Union Jack"). Die Kreuzfahrer, Cäsar, Napoleon und Hitler wußten genau, wie sie Fahnen benutzen mußten. Wer könnte je vergessen – sei es, weil er es selbst miterlebt oder in den unzähligen Filmen über den Zweiten Weltkrieg gesehen hat –, daß immer alles im Flaggenschmuck zu sehen war. Können wir auch den Einfluß der Flaggen nicht ganz übersehen, so ist es sicher, daß die Propaganda wesentlich durch diesen Gebrauch unterstützt wurde und dadurch Hitler in seinen Plänen für den Krieg. Es ist hier sicher nicht fehl am Platze zu erwähnen, daß Mißbrauch den Gebrauch nicht verbieten darf.

Welche Bewegung wir auch betrachten immer fanden sich ganz vorne Banner und Flaggen. Sie fungierten als Signalmittel und als Sammelpunkt für die Truppen. Auch während des Gefechts wurden Stander und Flaggen benutzt, um den Fußtruppen oder der Kavallerie zu signalisieren, ob und in welche Richtung sie sich zu bewegen hatten. Besonderes Augenmerk wurde auf die

Flagge des Befehlshabers gelegt. Dort, wo sie gehißt wurde, zeigte sie an, daß das betreffende Areal erobert war, sie steckte somit das eigene Terrain ab.

Wer erinnert sich nicht an den Tag, an dem der erste Mensch seine Füße auf den Mond setzte? Es war nicht leicht für die Russen, daß es der amerikanische Astronaut Armstrong war, der die „Stars and Stripes" in den Mondboden pflanzte und mit dieser denkwürdigen Tat sagte: „Dieses Gebiet gehört uns."

Jede Abteilung in der Armee, jeder Club und jede Vereinigung hat eine eigene Fahne, wir sehen etwas ähnliches in den Familienwappen. Die Symbole, die auf einer Flagge zu sehen sind, machen uns deutlich, wofür die Gruppe steht oder welchem Herrn sie folgt. Ein Banner ist eigentlich eine große Flagge, die horizontal an einem Stock hängt. Ein Banner (oder eine Standarte) ist einzigartig, während Flaggen zahlreich angefertigt werden. Dies gilt ebenso für die Nationalflaggen.

Wir brauchen eine Offenbarung von Gott, um geistlich verstehen zu können, welche Bedeutung Banner wirklich haben. Dazu müssen wir zurück zu unseren Wurzeln, zum Volk Israel. Im 3. Buch Mose können wir lesen, daß das Volk durch die Wüste wanderte, aufgeteilt in die verschiedenen Stämme. Gott ist ein Gott der Ordnung. Aber wie konnte er bei einer Menge von Tausenden und Tausenden Menschen die Ordnung bewahren? Das geschah durch ein Banner, auf dem der Name des jeweiligen Stammes stand und das am Sammelplatz des Stammes aufgerichtet wurde. Diese Namen drückten zugleich die verschiedenen Eigenschaften des Herrn aus, z. B. „Lob" (Juda), „Freude" (Ascher) und „Urteil" (Dan). Durch diese Banner wußte jeder, wohin er gehörte, sie machten den Unterschied zwischen den Stämmen deutlich und funktionierten als Signal und Treffpunkt.

In dem Moment, wo Verwirrung oder Gefahr entstand, wurde eine Trompete oder ein Horn geblasen, und Männer, Frauen und Kinder scharten sich hinter ihr Banner. Weil es hochgehalten wurde, konnte jeder es schon aus der Entfernung sehen. Auch wenn die Stämme in den Krieg zogen, gingen die Banner voraus. Juda war immer der erste Stamm, der vorneweg zog und die anderen hinter sich anführte. Daraus können wir auch sehen, wie wichtig Lobpreis ist.

Die Geschichte der Banner und Flaggen / 15

LOB BAHNT DEN WEG

„Lob bereitet den Weg vor, so daß wir Gottes Heil sehen können" (Psalm 50,23; Übersetzung nach der „Amplified Bible"). Loben ist ein Schritt des Glaubens, weil es bekennt, wer Gott ist. Es ist der in Worte gefaßte Glauben an den allmächtigen Gott, der allein uns retten, erlösen und heilen kann, in welchen negativen Umständen wir uns auch befinden mögen. In dem Moment, wo wir Gott preisen, trotz Angst und schlechten Gefühlen, und wir seine Wunder und wunderbaren Taten rühmen, wohnt er in unserem Lob. Dadurch, daß wir Gott in allen Umständen loben und preisen, ermöglichen wir ihm, das zu tun, was er möchte, und wir bekommen Gelegenheit, von ihm zu empfangen. Genauso wie bei uns, ermuntert ein Kompliment (also jemanden zu loben); aber jemanden zu kritisieren kann die Person lahmlegen, ja vernichten. Psalm 68 ist ein wunderschönes Beispiel für das, was passiert, wenn Gottes Kinder anfangen, mit lauter Stimme zu jubeln und den Weg bahnen: Gott erhebt sich! Und alle seine und unsere Feinde werden zerstreut!

Darum sagt Gott im 1. Buch Mose 49,8-10 zu Juda, dem Stamm des Lobes: *„Juda, deine Hand wird sein auf dem Nacken deiner Feinde ... Nicht weichen wird das Zepter von Juda, noch der Herrscherstab zwischen seinen Füßen hinweg, bis Schilo (Jesus) kommt."* Menschen, die loben, herrschen über den Feind, denn sie kennen Gott. David sagte: *„Denn mit dir kann ich auf Raubzug gehen, mit meinem Gott kann ich eine Mauer überspringen."* Psalm 18,30.

JAHWE-NISSI

> *„Und Mose baute einen Altar und gab ihm den Namen: Jehova, mein Panier (Banner)!*
> *Und er sprach: Denn die Hand ist am Throne Jahs, Krieg hat Jehova wider Amalek von Geschlecht zu Geschlecht!"*
> 2. Mose 17,15.

Die Gute Nachricht-Bibel übersetzt hier:

> *„Unser Feldzeichen ist der Herr!"*

Zwischen Israel und Amalek herrschte Krieg. Amalek ist ein Symbol für unseren Feind, den Teufel. Dieser Krieg dauert, bis alle Feinde zum Schemel seiner Füße gelegt sind (Hebr. 1,13). Mose saß auf dem Berg, und solange seine Arme hochgehoben wurden (Aaron und Hur hielten seine Arme hoch; ein Symbol für unsere Fürbitte), hatte Israel Sieg. Diejenigen, die in der Endzeit Anbeter sein werden, werden auch vollmächtige Fürbitter sein, denn Gebet, Lob und Anbetung gehören zusammen. Wer nicht betet, kann auch nicht loben. Diejenigen, die nicht Fürbitte tun, haben auch keine Vorstellung, was für ein geistlicher Krieg sich in der Himmelswelt abspielt. Je tiefer wir in das Allerheiligste eindringen, desto mehr Offenbarung werden wir bekommen.

„So spricht der Herr: Siehe, ich will meine Hand zu den Heiden hin erheben und für die Völker mein Banner aufrichten."

Jesaja 49,22

Der hebräische Name für „Gott ist mein Banner" lautet *Jahwe-Nissi*. In Hohelied 2,4 lesen wir: „... und sein Panier über mir ist die Liebe". Jesaja 11,10 sagt, daß der Wurzelsproß Isais, also Jesus, als Panier der Völker dastehen wird. Halleluja! Jesus wird offenbart werden! Gott ist unser Herr. Jedes Mal, wenn wir die Banner mit seinem Namen hochheben, sprechen wir den Sieg über unseren Feind aus. Da, wo der Name Jesu erhoben wird, wird der Feind flüchten, und das Volk wird zu ihm gezogen. Nachdem die Ägypter im Roten Meer ertrunken waren, sang Mose dieses Lied:

„Singen will ich Jehova, denn hoch erhaben ist er, das Roß und seinen Reiter hat er ins Meer gestürzt ... Jehova ist ein Kriegsmann, Jehova sein Name."

2. Mose 15

FÜR WEN SIND DIE BANNER UND FLAGGEN?

„Du hast doch ein Zeichen gegeben denen, die dich fürchten, damit sie fliehen können vor dem Bogen.

Psalm 60,6

Die Geschichte der Banner und Flaggen

> *„Auf hohem Berge erhebt das Banner, ruft laut ihnen zu, winkt mit der Hand, daß sie einziehen durch die Tore der Fürsten. Ich habe meine Geheiligten entboten zu meinem Zorngericht und meine Starken gerufen, die da jauchzen über meine Herrlichkeit."*
>
> Jesaja 13,2-3

Gott gibt jedem Mann und jeder Frau, die den Herrn fürchten und ihm in Ehrfurcht begegnen, jedem, der durch ihn geheiligt wird, sein Banner. So hat Gott, der Vater, es bestimmt. Er, der auch ein Mann des Krieges, der Erlöser und Heiland ist. Wenn wir gemäß seinem Wort als unserem göttlichen Maßstab leben und sein Wort als Maßstab in unserem täglichen Leben erheben, dann geht der Vater uns voraus. Dann wird er das Banner sein, das uns vor den tödlichen Pfeilen des Feindes schützt. Und das wollen wir symbolisch ausdrücken, indem wir die wirklichen Banner erheben und die Flaggen über unserem Land wehen lassen. In dem Sinne geben wir auf eine kreative Weise dem Ausdruck, was der Heilige Geist im Moment verwirklicht – oder was er noch entstehen lassen will.

❸ DIE FUNKTION VON BANNERN UND FLAGGEN

Banner und Flaggen sind mehr als nur Dekoration. Sie senden Signale aus, kommunizieren oder stellen eine deutliche Botschaft dar. In der Bibel sehen wir verschiedene Funktionen und Salbungen, die die Banner ausdrückten. Einige wollen wir hier beleuchten.

1. Gottes Wort als Norm und Standard verkündigen und Gottes Natur den Völkern offenbaren

> *„Zieht, zieht durch die Tore, bereitet den Weg des Volkes; bahnt, bahnt die Straße, reinigt sie von Steinen, erhebt ein Panier über die Völker!"*
>
> Jesaja 62,10

> *„Erhebt das Banner auf Erden, blast die Posaune unter den Völkern!"*
>
> Jeremia 51,27

Wie können wir der Welt begreiflich machen, daß wir einem großen Gott dienen? Daß unser Gott ein Fels ist, auf den wir bauen können, eine starke Burg, ein liebender Vater, ein mächtiger Krieger, der Löwe von Juda? Daß Jesus gekommen ist, uns zu retten und zu befreien, daß er uns ewiges Leben schenkt? Was können wir tun, damit die Menschen, die schon so viel gehört haben, noch „die Ohren spitzen"? Wie können wir diejenigen erreichen, die ihre Herzen wegen früherer Enttäuschungen, wegen der schlechten Vorbilder so vieler Namenschristen und den Geschichten von Gehirnwäschen bei Sekten verhärtet haben? Wie können wir die Aufmerksamkeit der Minderheiten in unseren Städten auf uns ziehen? Die alten und traditionellen Evangelisationsmethoden sind einfach nicht mehr effektiv. Wir werden neue, kreative Wege bedenken müssen, um die Verlorenen zu erreichen. Von ganzem Herzen glaube ich, daß die Wiederherstellung des Davidischen Lobpreises ein Schlüssel zu diesem Problem ist.

> *„Dies sagt der Heilige, der Wahrhaftige, der den Schlüssel Davids hat, der öffnet, und niemand wird schließen, und schließt, und niemand wird öffnen."*
>
> Offenbarung 3,7

David selbst tanzte sich seinen Weg zu Gottes Tempel:

> *„Gesehen haben sie deine Umzüge, o Gott, die Umzüge meines Gottes, meines Königs, ins Heiligtum. Voran gingen Sänger, danach Saitenspieler, inmitten tamburinschlagender Mädchen."*
>
> Psalm 68,25-26

Was Worte nicht überbringen können, können wir auf prophetische Weise durch die Pracht und den Glanz der glorreichen Banner, gesalbter Musik, Gesang und Tanz ausdrücken. Und dazu eine Armee von Kriegern, die ihre Flaggen mit Kraft und Autorität schwenken. Da, wo Menschen taub für das gesprochene Wort geworden sind, werden ihre Herzen angerührt werden, wenn wir die Natur und Schönheit Gottes für sie sichtbar machen. In Kapitel sieben werde ich diesen Punkt noch ausweiten. Die Gute Nachricht muß auf eine neue Art und Weise dargestellt werden, und Gott wird uns die Schlüssel dafür geben.

2. Gottes Gegenwart sichtbar machen und darstellen

Indem wir in unseren Gottesdiensten Banner und Flaggen im Lobpreis und in der Anbetung gebrauchen, können wir auf eine prophetische Weise das Herz des Vaters offenbaren. Der Herzschlag Gottes wird uns deutlich, und wir können erkennen, was er uns in dem Moment sagen möchte. Gott hat so viele Gefühle, und diese Form von Ausdruck ermöglicht uns, etwas auszudrücken, wo Worte nicht mehr ausreichen. Sie durchbricht Mauern von Widerstand

Die Funktion von Bannern und Flaggen / 21

und zerstört das Joch. Zum Beispiel, wann immer Gott seine Gemeinde heiligen möchte und Ehrfurcht und Respekt vor Gott vorhanden ist, dann kann das dadurch gezeigt werden, daß die weiße und goldene Flagge gebraucht werden. Weiß ist symbolisch für Reinheit und Hingabe, und Gold symbolisiert Gottes Gegenwart. In dem Sinne kommunizieren die Flaggen, was im Geist geschieht. Und wir arbeiten in dem Moment mit dem Heiligen Geist und dem, was er sagt, zusammen.

An diesem Punkt tauchen viele Fragen auf. Leiter fragen sich, was hier „heilig" und was „okkult" ist. Eines ist sicher: Nur, weil wir beispielsweise eine rote Flagge über dem Kopf einer Person schwenken, die unter der Kraft Gottes daliegt, bedeutet das weder, daß diese Person Verständnis für diese Form von Ausdruck aufbringen kann, noch, daß sie diesen Dienst anerkennen wird! In keiner Weise ist es das Schwenken der Flagge, das bewirkt, daß jemand geheilt wird oder Gefangene freigesetzt werden – als ob das Stück Tuch „verzaubert" wäre! Nein, vielmehr ist das Banner oder die Flagge eine Verlängerung unserer Gebete, die diese Kraft freisetzt! Niemals ist es der Stoff an sich, es geht um den Ausdruck des Heiligen Geistes. Wir wollen nicht manipulieren, sondern im Strom des Geistes fließen.

> *„Wenn der Bedränger kommen wird wie ein Strom, so wird der Hauch Jehovas ein Banner gegen ihn aufheben."*
> Jesaja 59,19 (nach der Amplified Bible)

Es ist der Geist in uns, der das Banner erhebt und dem Feind Einhalt gebietet. Es geschieht nicht in unserer Kraft, und es ist nicht das Banner an sich. Das ist ein wichtiger Punkt für diejenigen, die in diesem Dienst stehen, und er muß gut verstanden werden. Banner und Flaggen sind Waffen, Mittel, um etwas auszudrücken. Falle nie vor einem Banner auf deine Knie, auch dann nicht, wenn du in der Anbetung tanzt. Sei dir bewußt, was du tust, wenn du die Flaggen gebrauchst, tue es im Bewußtsein, daß du unter der Autorität des Heiligen Geistes stehst und das unterstützt, worin das Anbetungsteam vorangeht.

Das bedeutet, daß du nie versuchst, dich selbst zu verwirklichen, denke daran: die Musik und der Gesang sind das eigentliche Podium, auf dem der prophetische Ausdruck Platz nimmt. Respektiere die Führung der Gemeinde, selbst wenn du das Gefühl hast, daß du selbst unter einer starken Salbung stehst. Sei demütig und höre immer auf, wenn sie sagt: Stop! Manche Menschen können so blindlings ihre Flaggen schwenken, daß sie, natürlich unabsichtlich – mit geschlossenen Augen –, ganz schöne Schläge austeilen können! Und glaube mir, diese Flaggenstöcke können jemanden hart treffen! Wenn du die Flagge schwenkst oder drehst, halte die Augen offen und verliere nicht aus den Augen, was um dich herum geschieht. Ebenso wichtig ist es, daß Flaggentänzer im Team zusammenarbeiten, so daß sie Einheit ausdrücken. So wird eine deutliche und kräftige Botschaft an das Volk überbracht.

3. Ein Zeichen der Solidarität

Genauso wie Nationalflaggen erinnern uns Banner und Flaggen des Herrn daran, daß wir ein Teil der Nation oder des Königreichs Gottes sind. Sie geben uns die starke Zuversicht, daß wir ihm angehören. Wenn wir unsere eigene Nationalflagge sich im Wind bewegen sehen, bekommen wir ein Gefühl der Verantwortung unserem Vaterland gegenüber, und wir fühlen einen gewissen Stolz, Teil unserer Nation zu sein. Wann immer wir das Banner Jesu erheben, wird sich jeder, der dem Banner des Herrn angehört, anschließen. In Jesus finden sich alle Christen und folgen dem Herrn des Banners; kleine Einzelheiten, die uns voneinander unterscheiden, fallen dann weg. Er hat sein kostbares Blut gegeben, um uns zu retten und uns unsere Sünden zu vergeben. Damit erinnert uns die rote Flagge an das erlösende Werk, daß Jesus am Kreuz für uns vollbracht hat. Er hat uns vom Fluch des Todes, der Krankheit und Armut befreit. Darum sind wir Brüder und Schwestern und damit auch füreinander verantwortlich.

4. Das Zeichen für Heilung

Als das Volk Israel in der Wüste wanderte und anfing zu klagen, sandte Gott ihnen Schlangen, die sie bissen und viele unter ihnen töteten. Mose mußte eine Schlange aus Bronze gießen und sie an einer Stange aufhängen. Jeder, der von der Schlange gebissen worden war und zu dieser Schlange aufsah, überlebte.

"Und wie Mose in der Wüste die Schlange erhöhte, so muß der Sohn des Menschen erhöht werden, damit jeder, der an ihn glaubt, ewiges Leben habe."

Johannes 3,14-15

Durch die Striemen Jesu am Kreuz (1. Petrus 2,24) haben wir Zugang zu körperlicher und innerer Heilung. Wann immer wir Banner mit dem Namen Jesu in der Gemeinde oder in den Straßen erheben, dann sagen wir eigentlich: „Unter seinen Flügeln ist Heilung! Komm und empfange deine Heilung! Das Blut Jesu wurde uns zum Heil! Komm und empfange! Alles, was du brauchst, kannst du in ihm empfangen!"

5. Der Ruf zur Kriegsführung

"Denen, die dich fürchten, hast du ein Signal gegeben, daß sie fliehen können vor dem Bogen. Damit deine Geliebten befreit werden, hilf durch deine Rechte und erhöre mich."

Psalm 60,6-7

"Denn wir kämpfen nicht gegen Menschen. Wir kämpfen gegen unsichtbare Mächte und Gewalten, gegen die bösen Geister, die diese finstere Welt beherrschen. Darum greift zu den Waffen Gottes! Wenn dann der schlimme Tag kommt, könnt ihr Widerstand leisten, jeden Feind niederkämpfen und siegreich das Feld behaupten."

Epheser 6,12-13

Ob es uns paßt oder nicht, wir sind in einen Krieg verwickelt. In dem Moment, wo wir vom Königreich der Finsternis in das Königreich des Lichts überwechseln, werden wir automatisch ein Teil der Armee Gottes. In dem Moment werden wir Zielscheibe im Gefecht! Dann müssen wir aufpassen! Jesus kommt bald zurück, aber jetzt noch nicht. Ein letzter Krieg muß ausgefochten werden. Und so wie David, der nicht nur ein Anbeter war, sondern auch ein mächtiger Krieger, der sich nicht vor dem Riesen Goliath fürchtete, so ist Gott dabei, Krieger ins Leben zu rufen, die wissen, was es bedeutet, Fürbitte zu tun, und die wissen, wer sie in Christus sind.

„Mit lauter Stimme sollen sie ihn preisen, scharfe Schwerter in ihren Händen! Sie sollen Gottes Gericht vollziehen, an allen Völkern Vergeltung üben: Die Könige und alle Mächtigen sollen sie in eiserne Ketten legen!"

Psalm 149,6-8

DAS SCHWERT HANDHABEN

Die Menschen, die in Psalm 149 erwähnt werden, sind ganz gewöhnliche, aber mutige Menschen. Sie kennen das Wort Gottes, und sie wissen, wie sie mit dem Wort als Schwert umgehen müssen. In der Kraft und der Offenbarung des Geistes gehen sie los und wissen, daß er sie nie enttäuschen wird. Sie kennen die Kraft, die im Namen Jesu liegt!

Meine Lieblingsflagge heißt „Der Krieger". Der Geist eines Kriegers wird darauf deutlich. Die obere Hälfte ist blau und die andere grün. Aus dem blauen Feld bewegt sich ein silbernes Schwert mit einem roten Griff diagonal in das grüne Feld. Das Schwert ist natürlich das Wort Gottes (Hebr. 4,12), und der Griff ist die Gewißheit, daß wir überwunden haben (Offenbarung 12,11). Aus der Himmelswelt (blau), wo der echte Kampf stattfindet, kommt die Rettung (silber) durch das Blut Jesu (rot) auf die Erde.

Einmal – ich hatte den „Krieger" in meiner Hand – fühlte ich eine sehr starke Salbung über mich kommen. Es war während eines Gottesdienstes, und ich fühlte, daß ich auf das Podium mußte. Natürlich schossen mir gleich Gedanken von falscher Demut durch den Kopf, wie „... du willst ja nur angeben ... warum bleibst du nicht da, wo du bist, ohne Aufsehen erregen zu wollen ... es ist Gottes Werk, nicht deines!" Aber obwohl ich versuchte, mir das auszureden, blieb das starke Gefühl, daß ich auf das Podium mußte, und schließlich ging ich. Im Hintergrund schwoll ein kräftiger Rhythmus vom Schlagzeug langsam an. Ich begab mich auf die Bühne. Ein „kriegerisches" Gefühl überkam mich, und so begann ich, mit besonderer Kraft die Flaggenstöcke zu drehen und zu schwenken! Ich bewegte mich vom Heiligen Geist getrieben, während langsam die Musik wieder abschwoll und nun Friede und Sieg ausstrahlte. Ich hörte auf und ging an meinen Platz zurück. Am nächsten Tag, während meines Workshops, kam eine Frau zu mir. Sie entschuldigte sich, weil sie durch eine Schulterverletzung nicht an meinem Kursus hatte teilnehmen können. Diese hatte ihr schon Jahre zu schaffen gemacht. „*Aber*", rief sie, „*Gott hat mich gestern im Gottesdienst ganz geheilt, während ich dir auf dem Podium zugeschaut habe!*" Danke, Jesus!

Deswegen versuche nie, Gott einzugrenzen! Er kann heilen und befreien, auch durch Pauken und Zithern (Jesaja 30,32). Und so wie in Maleachi 3,21 steht, werden wir sogar durch Tanz die Gesetzlosen zertreten (unter unseren Füßen). So, wie wir die „Waffenrüstung Gottes" anziehen müssen, so sind uns Flaggen als Waffen für den Krieg gegeben:

> „*Dann wollen wir jubeln, weil er dir hilft; im Namen unsres Gottes erheben wir das Banner.*"
> (Im ursprünglichen Hebräisch wird für „erheben" das Wort *daw-gal* gebraucht. Das heißt: „mit den Flaggen [mit Kraft] schwenken".)
>
> Psalm 20,6

Wir haben gesehen, daß Flaggen nicht nur Gebiete abgrenzen, sondern auch einen Dienst der „Verkündigung" aussprechen. Bevor wir den Sieg im geistlichen Kampf sehen können, müssen wir schon entschlossen sein, zu jubeln, weil Gott uns durch seine rechte Hand den Sieg geben wird. Wenn wir plötzlich mit lautem Jubeln anfangen, bringen wir den Feind durcheinander! Das haben wir schon bei den Mauern von Jericho gesehen. Nun, genauso bringt das Schwenken der Flaggen im geistlichen Bereich eine Bewegung zustande. *Eine Flagge bewegt die Luft, durchschneidet sie, erhebt und bricht ab.* Bei geistlicher Kampfführung gebrauche ich oft eine Flagge aus Futterstoff oder Taft. So kann ich dann die Flagge wie eine Peitsche handhaben, wenn ich sie nach unten schlage. Und das ist symbolisch für das „Zerstören" von Festungen in 2. Korinther 10,4:

> „*Meine Waffen in diesem Kampf sind nicht die eines schwachen Menschen, sondern die mächtigen Waffen Gottes. Mit ihnen zerstöre ich feindliche Festungen. Ich bringe falsche Gedankengebäude zum Einsturz und reiße den Hochmut nieder, der sich der wahren Gotteserkenntnis entgegenstellt. Jeden Gedanken, der sich gegen Gott auflehnt,*

nehme ich gefangen und unterstelle ihn dem Befehl Christi."

Wie oft habe ich Flaggen benutzt; sei es zu Hause oder in der Gemeinde oder während der Gebetsstunden oder selbst in ganz gewöhnlichen Gottesdiensten, um Dämonen, Depression oder Krankheit zu vertreiben. Es ist sicher sehr wichtig, hier deutlich zu machen, daß wir nicht dämonische Mächte zerstören. Nur Gott oder seine Engel können das tun. Die Autorität, die wir vom Herrn bekommen haben, ermöglicht uns, Dämonen aus Leben oder Körpern zu vertreiben. Wenn wir in geistliche Kampfführung verwickelt sind und unsere Flaggen gebrauchen, dann, um allen dämonischen Gedanken, Einbildungen und Argumentationen in unserem Leben zu widerstehen. Und gewöhnlich geschieht dies in den Zeiten, wo wir beten oder Fürbitte tun.

Wenn du nicht weißt, warum du die Flagge bewegst oder schwenkst, wenn du nicht getrieben bist, es zu tun, wird es auch keine Auswirkung haben. Der Teufel weiß genau, wer du bist. Er hält Schritt mit uns! Vor einigen Jahren bekam ich das Gefühl, daß ich etwas in meinen Gebeten vermißte, eine Art „verlängerter Arm". Und so kam es, daß ich manchmal jubelnd und jauchzend durch das Wohnzimmer wirbelte – mit einem Trockentuch in der Hand! Ich habe gelernt, in den Wüstenzeiten, wenn es scheint, als ob Gott schweigt, als ob nichts geschieht, mich an Gottes Wort festzuhalten. Auf einmal konnte ich die folgenden Verse verstehen:

„Gott rüstet mich mit Kraft und macht meine Wege ohne Tadel. Er macht meine Füße gleich den Hirschen und stellt mich auf meine Höhen. Er lehrt meine Hände streiten und meinen Arm den ehernen Bogen spannen." „Gelobt sei der Herr, mein Fels, der meine Hände kämpfen lehrt und meine Fäuste, Krieg zu führen."

Psalm 18,33-35

Um es mit anderen Worten auszudrücken: Wir lernen, unser Ziel zu treffen! Den Teufel, den Dieb, Ankläger und Irreführer zu treffen, der in uns verursacht, daß wir die Träume, die der Herr uns gegeben hat, in Zweifel ziehen. Das Resultat: Wir werden unbrauchbar für das Königreich Gottes. Erlaube dem Teufel nie, dies in dir zu tun. Verkündige lieber Gottes Kraft mit deinen Flaggen, und indem du das tust, bestätigst du, daß Jesus König in deinem Leben ist! Flaggen von violetter Farbe weisen uns auf Jesus als König. Ich selber benutze oft blaue Flaggen mit einer Krone darauf: „Majestät". Flaggen sind ein kräftiges Ausdrucksmittel und haben die Aufgabe, Gottes Charakter zu verkünden, ihn, der Kriegsherr, der Löwe von Juda, der Herr Zebaoth („Herr der Heerscharen"!), der Majestät und der König der Könige ist!

MUSKELN

Woher kommt es nun, daß es beinahe immer Frauen sind, die die Flaggen in der Anbetung schwenken und drehen? Nachdem ich das Wort studiert habe, kam ich zu der folgenden Schlußfolgerung: Banner und Flaggen waren allein deshalb gegeben, um den Sieg zu verkündigen und geistliche Kampfführung zu bewerkstelligen. Im Hohenlied lesen wir nicht nur, daß die Braut schön ist, sondern auch, daß sie „furchtbar wie Bannerscharen" ist.

> *„Du bist schön, meine Freundin, wie Tirzah, lieblich wie Jerusalem, gewaltig wie ein Heer!"*
> (In der englischen Amplified-Übersetzung steht: *„furchtbar wie Bannerscharen".*)

In der Anbetung sollte der Gebrauch von Flaggen einfach nur prophetisch sein; es ist ein Mittel, eine kräftige Botschaft, die durch den Geist inspiriert ist, weiterzugeben. Inzwischen sind viele Männer bei mir gewesen, die am Anfang nicht viel von der Idee hielten, mit Flaggen zu dienen, und die mir dann begeistert erzählten, daß sie nun verstehen konnten, wie stark Flaggen zu uns sprechen können. Dieses immer unter der Voraussetzung, daß sie mit Überzeugung, verkündigend und unter einer prophetischen Salbung gehandhabt werden.

Um eine Flagge vernünftig zu gebrauchen, benötigt man nicht nur geistliche, sondern auch körperliche Kraft! Bis man soweit ist, daß man das schnelle Drehen meistern kann, sind sicher verschiedene Pflaster verschlissen. Und auch die Arme haben dann schon gemerkt, wie schwer die Stöcke nach einiger Zeit werden können (nicht zu reden von den Möbeln, die manchmal vielleicht auch im Wege gestanden haben ...).

Auch ist es wichtig, das richtige Material zu gebrauchen. Der exakte englische Name, der üblicherweise für den Flaggenstock gebraucht wird, ist *Baton*. Der Teil am unteren Ende wird „Ball" oder „Knopf" genannt. Stöcke (Batons) aus Metall mit dem Ball am Ende des Stockes sind die besten, um den gewünschten Effekt beim Schwenken und Drehen zu erzielen. Eigentlich sind hölzerne Batons oder Stöcke ziemlich nutzlos, denn sie haben nicht das nötige Gewicht, um die schnellen Drehtechniken ausführen zu können. Die professionellen Stöcke aus Metall haben ein Gehäuse, was sich im Inneren dreht. Dies ermöglicht dem Saum der Flagge, sich ohne Problem um den Stock zu drehen. Sehr praktisch ist es auch, jeder Flagge ihren eigenen Stock zu geben; man kann die Flaggen dann schnell auswechseln.

Ich kenne nur sehr wenige Menschen, die sich wirklich die Mühe machen und die Zeit nehmen, die verschiedenen Drehtechniken zu erlernen. Wenn man allerdings hier in den Anfangsschuhen steckenbleibt, wird es auch leicht oberflächlich und langweilig bleiben, mit den Flaggen zu arbeiten. Daraus wird natürlich deutlich, wie sehr wir üben müssen. So wie im genannten Bibelvers gesagt wurde: „Gott möchte unsere Hände und Finger unterweisen ...", doch wozu? Daß wir effektiver in der geistlichen Kampfführung werden. Es wird Zeit, daß die Männer mit erhobenem Haupt zu den Flaggen greifen und die Banner erheben! So werden wir ausgerüstet, um eine mächtige Armee von kämpferischen Anbetern zu werden!

6. Banner und Flaggen sind uns gegeben, um vor Gottes Angesicht zu feiern.
Die Bibel ruft uns auf, vor Gott zu feiern und in unserem Lobpreis überströmend zu sein. Die Israeliten verstanden etwas davon. Ihre Feste und Feiern dauerten ganz schön lange. Ein Fest, das eine Woche oder länger dauerte, war normal, eigentlich von Gott selbst verordnet. Das Laubhüttenfest wurde am Ende der Ernte gefeiert. Hier wird prophetisch auf die große Ernte von Seelen hingedeutet, die während der Endzeit eingebracht werden wird, direkt vor der herrlichen Wiederkunft Jesu, des Bräutigams. Dieses Fest feiert den mächtigen Sieg und die Herrlichkeit Gottes, wo auch mit

Freuden getanzt wird. Noch heute wird jedes Jahr Ende Oktober in Israel dieses Laubhüttenfest gefeiert. So, wie die Bibel vorausgesagt hat, kommen die Gläubigen von den vier Enden der Welt in Jerusalem zusammen, um die baldige Wiederkunft Jesu zu feiern. Unglaublich farbenprächtige Banner gehen der Parade von Anbetern voraus, während sie durch die offiziellen Tore einziehen. Sänger, Tänzer und Musikanten, begleitet von Tamburinen und farbigen Bändern, verzaubern die Landschaft, und die Flaggen flattern lustig im Wind. Wie sehr verlangt Gott danach, uns in vollkommener Freiheit und Freude mit ihm zusammen feiern zu sehen!

Kleine Kinder schämen sich nicht und zeigen meist auch keine Scheu. Sie hüpfen herum und freuen sich; ohne Scham lassen sie ihre Fahnen wehen. Es sind meist die Erwachsenen, die ihre Unbeholfenheit spüren und sich deshalb nicht trauen, spontan ihrem Lobpreis und Tanz Ausdruck zu geben. Um ehrlich zu sein: Es sind die Priester unter uns, die sich trauen, mit den Flaggen umzugehen. Es ist ihre Aufgabe, andere zu ermutigen und zu inspirieren, um in die Anbetung zu kommen. Darum ist es auch so wichtig, daß die „Flaggenden" *gesehen werden.*

Diejenigen, die die Flaggen schwenken, müssen es vorne tun und nicht irgendwo hinten in der Gemeinde. Die Pastoren, die sehen, wie wichtig dieser Dienst ist und ihm mehr Gelegenheit und Raum geben, werden schnell sehen, wie sehr der Lobpreis freier und stärker wird. So viele Farben wie der Regenbogen hat, so viele verschiedene Weisen stehen uns zur Verfügung, um dem Feuer, der Freude und der Herrlichkeit Gottes in unseren Feiern und Versammlungen Ausdruck zu geben. So wie Epheser 3,10 sagt:

> *„Jetzt macht er ihn den Mächten und Gewalten in der himmlischen Welt durch seine Gemeinde bekannt: An ihr und durch sie sollten sie seine Weisheit in ihrem ganzen Reichtum erkennen."*

❹ DIE HERRLICHKEIT GOTTES

„Auf zu ihm, ihr Völker! Erweist dem Herrn Ehre, unterwerft euch seiner Macht! Erweist ihm die Ehre, die ihm zusteht: Bringt Opfergaben in seinen Tempel! Werft euch vor ihm nieder, wenn er in seiner Heiligkeit erscheint! Die ganze Welt soll vor ihm erzittern. Sagt es allen Menschen: ‚Der Herr ist König!'"

Psalm 96,7-10

Gebt dem Herrn die Ehre seines Namens ... was ist eigentlich die „Ehre Gottes"? Wie können wir ihm das geben, was ihm zukommt? Was ist seine „Heiligkeit", vor der wir uns niederwerfen müssen? Das ist die Herrlichkeit Gottes! Wir können die Herrlichkeit Gottes in der Natur sehen, Römer 1 erzählt uns, daß Gott sich selbst in der Schöpfung offenbart hat. Seine ganze Kraft und Herrlichkeit, seine ewige Göttlichkeit wird darin wahrgenommen (Vers 20). Alle seine Eigenschaften, sein Charakter und seine Gefühle hat er in die Schöpfung gelegt.

Er hat die kleine Maus gemacht, aber auch den großen Elefanten. Die große gelbe Sonnenblume kommt aus seinen Händen, aber auch die zierliche, elegante samtene Rose. Nicht allein liebt er Äpfel, ebenso Mangos, Kiwis, Weintrauben und Bananen. Seine Liebe können wir in schwarzen, weißen, roten, gelben und braunen Menschen sehen. Er ist spürbar anwesend in den dunklen geheimnisvollen Wäldern Deutschlands, aber auch in der sengenden Hitze von Afrikas Steppen. Er spricht durch den Donner und Blitz, aber auch in der kühlen Abendluft ...

Die Bibel gibt uns noch tiefere Einsicht in die Herrlichkeit Gottes. Vom 1. Buch Mose bis zur Offenbarung finden wir die Erscheinungen des Herrn beschrieben:

„... und der ganze Berg Sinai rauchte, darum, daß Jehova auf ihn herabstieg im Feuer, und der ganze Berg bebte sehr."

2. Mose 19,18

„... mit Majestät und Pracht bist du bekleidet. Du, der in Licht sich hüllt, wie in ein Gewand ..."

Psalm 104,1,2

„... und auf der Gestalt des Thrones eine Gestalt wie das Aussehen eines Menschen oben darauf. Und ich sah wie den Anblick von glänzendem Metall, wie das Aussehen von Feuer innerhalb desselben ringsum; von seinen Lenden aufwärts und von seinen Lenden abwärts ... wie das Aussehen des Bogens, der am Regentage in der Wolke ist, also war das Aussehen des Glanzes ringsum. Das war das Aussehen des Bildes der Herrlichkeit Jehovas."

Hesekiel 1,26-28

„... ein Thron stand im Himmel, und auf dem Thron saß einer. Und der da saß, war von Ansehen gleich einem Jaspisstein und einem Sardion, und ein Regenbogen war rings um den Thron, von Ansehen gleich einem Smaragd."

Offenbarung 4,3

Lichtglanz, Feuer, Rauch, ein Regenbogen, Glanz, Majestät. Alle diese Zeichen sprechen von seiner Herrlichkeit. In ihnen können wir die liebliche, aber auch die ehrfurchtgebietende Seite Gottes sehen. Jesus ist das Lamm Gottes, aber auch der Löwe von Juda. Er schenkt uns Gnade, ist aber zu gleicher Zeit auch der gerechte Richter.

SPIEGELBILDER
Alle diese verschiedenen Aspekte sollten durch den Gebrauch von Farben, Symbolen, farbenfrohen Tüchern und kreativen Tanzkleidern zum Ausdruck gebracht werden. Hier können wir sehr viel vom Volk Israel lernen. Im Gegensatz zu den nüchternen germanischen Völkern, die durch den Calvinismus stark beeinflußt und bei denen Schlichtheit das Höchste der Gefühle ist, auch wenn es

als Reaktion auf die überwältigende prunkhafte Pracht der katholischen Kirche zu verstehen war. Der Teufel hat die Mittel, die Gott gegeben hat, um ihn zu verherrlichen, gestohlen und mißbraucht, um Menschen zu verherrlichen. Wir jedoch, als die ganz anderen, widerspiegeln die Herrlichkeit des Herrn!

> *„Wenn er sich dem Herrn zuwendet, wird die Verhüllung weggenommen. Der Herr aber, von dem dieses Wort spricht, nämlich Jesus Christus, wirkt durch seinen Geist. Und wo der Geist des Herrn ist, da ist Freiheit. Wir alle sehen mit unverhülltem Gesicht die Herrlichkeit des Herrn wie in einem Spiegel. Dabei werden wir selbst in sein Bild verwandelt und bekommen mehr und mehr Anteil an seiner Herrlichkeit. Das bewirkt der Herr durch seinen Geist."*
>
> 2. Korinther 3,16-18

Wir dürfen in vollkommener Freiheit, mit kindlicher Freude und Liebe für den Herrn, und mit Verwendung der Farben, die er entworfen hat, seine Herrlichkeit widerspiegeln. So wird die Welt zu wissen bekommen, wer der Gott ist, dem wir dienen. Denn er wohnt in uns!

GOTT IST EIN KÜNSTLER

Wenn wir den Entwurf sehen, den Gott erst Mose für das Zelt und später David für den Tempelbau gegeben hat, gewinnen wir Einsicht, mit welcher unglaublichen Präzision, Kreativität und Symbolik Gott seine Schöpfungen umgibt. Von den vierzig Kilo schweren silbernen Fundamenten bis zu den kleinen Schellen unten an den Kleidern der Priester, alles hatte eine Bedeutung. Es war eine kostbare Kunstwebarbeit, überall war Gold zu sehen (2. Mose 25-31). Nach meiner Meinung findet Gott Gold toll. Und ich auch! Bei mir sind die Zeiten von Plastikohrringen vorbei! Lieber einen schönen echten Ring als drei nachgemachte. Wir Menschen finden schöne Dinge fein, einfach weil Gott das auch so empfindet. Warum sollten wir ihn dann nicht auch damit ehren? Die Israeliten gaben alles, was sie hatten, für den Bau der Hütte; und auch David gab nicht nur reichlich Gold und Silber aus seinem eigenen Besitz aus Liebe für das Haus seines Gottes, sondern auch, was er durch die Jahre schon zur Seite gelegt hatte

(1. Chronik 29). Nachdem er als Leiter ein Vorbild gewesen war, rief er das Volk auf, dasselbe zu tun: „Wer ist nun bereitwillig, seine Hand für Jehova zu füllen?"

Die Zeit ist gekommen, daß die Hütte Davids wiederhergestellt wird, und Gott ist erneut auf der Suche nach Handwerkern und Künstlern, die wieder seine Herrlichkeit sichtbar machen. Wenn du also deine eigenen Flaggen nähst oder die Absicht hast, ein Banner zu machen, dann denke daran. Natürlich kann es nicht immer perfekt gemacht sein, aber gib dein Bestes! Manche von den selbstgemachten Flaggen, die ich sehe, erscheinen mir eher wie ein Fetzen Stoff, der Gott kaum Ehre erweist. Faltig, zerrissen, löchrig. Vor einem echten König würden wir uns doch auch nicht trauen, mit irgendeinem alten Schal zu winken? Und unser König ist doch der König aller Könige! Was wir für ihn gebrauchen, muß es wert sein. So, wie in Psalm 66 steht: „*... rühmt ihn herrlich!*"

❺ FARBEN UND SYMBOLE

Jede Farbe spricht ihre eigene Sprache und hat ihre eigene Botschaft. Das Wort Gottes illustriert dies auf eine wunderbare Weise. Vielleicht sprechen dich bestimmte Farben mehr als andere an, das hängt mit der Vision und der Salbung zusammen, die Gott auf dein Leben gelegt hat. Anbeter greifen oft zu den Farben weiß, gold und violett, während die, die loben und preisen, gerne rot, gelb, blau und grün gebrauchen, oft werden die Farben auch untereinander kombiniert. Und wenn auch die Erklärungen, die ich gebe, im allgemeinen akzeptiert sind, so will ich doch jeden Leser herausfordern, es selbst zu untersuchen und damit zu experimentieren; ein tieferes Bewußtsein im Ausdruck ist die Folge, und du selbst wirst so zweifellos zu neuen Entdeckungen kommen!

DIE VIER BASISFARBEN BLAU, WEISS, ROT UND VIOLETT

Diese Farben kann man schon in der Stiftshütte finden. Das Zelt war von einer langen Umzäunung aus feinster, schneeweißer Baumwolle umgeben, die – glänzend in der Sonne – eigentlich ausrief: Gott ist heilig! Du kannst nicht einfach so in seine Gegenwart kommen! Glücklicherweise war in der Umzäunung eine Tür. Die war zehn Meter breit, also leicht zu betreten. Verziert mit rot, blau und violett, und damit war diese weiße Tür ein Verweis auf Jesus, die Tür der Schafe, der den Weg zum Vater gebahnt hat. Die vier Farben offenbaren die vier verschiedenen Funktionen, die Jesus erfüllt hat.

BLAU: Jesus, der Sohn Gottes

Er verließ allen seinen Reichtum und stieg vom Himmel zur Erde herab, um uns den Weg zum Vater zu weisen, und aus dem Himmel erwarten wir ihn bei seiner Wiederkunft auch zurück

(1. Thess. 1,10). Blau weist uns zum Himmel, zur Himmelswelt, zum Heiligen Geist. Der Geist des Herrn ist ein Strom lebendigen Wassers, von dem Jesus versprach, daß er aus unserem Innersten fließen werde (Johannes 7,38). Er erquickt und heilt uns. In meiner großen Festflagge „Lebendiges Wasser" habe ich dies so zum Ausdruck gebracht, indem ich viele verschiedene Blautöne, von dunkelblau bis hin zu silbrigem lila, in losen Stücken Stoff aneinander genäht habe, und es damit aussieht, als ob der Strom Gottes fließt. Und da in der Himmelswelt auch ein Streit zwischen Licht und Finsternis stattfindet, kann diese Farbe auch in der geistlichen Kriegsführung gut gebraucht werden.

WEISS: Jesus, der Mensch

Er ist uns Menschen gleich geworden. Er wandelte unter uns und hat die Gestalt eines Knechtes angenommen (Philipper 2,5-7). So wie wir ist er Versuchungen ausgesetzt gewesen, jedoch hat er nicht gesündigt (Hebräer 4,15). Weiß ist die Farbe der Heiligkeit. „So seid denn heilig, denn ich bin heilig, sagt der Herr" (3. Mose 11,45). Echte Anbeter leben ein heiliges Leben, und das nicht nur auf dem Podium am Sonntag, sondern auch zu Hause, bei der Arbeit, überall. Das kommt daher, weil sie sich ganz an ihn hingegeben haben. Immer wieder stehen wir vor der Entscheidung: Nicht mein Wille, sondern dein Wille geschehe. So ist die weiße Flagge auch international bekannt als ein Zeichen der Übergabe. Und selbst wenn wir versagen, spricht Gott: „Wenn eure Sünden wie Scharlach sind, wie Schnee sollen sie weiß werden." Schneeweiß wird die Braut Jesu sein, wenn er als Bräutigam kommt, um uns für das große Hochzeitsmahl zu holen!

> *„Und ihr wurde gegeben, daß sie sich kleide in feine Leinwand, glänzend, rein; denn die feine Leinwand sind die gerechten Taten der Heiligen."*
>
> Offenbarung 19,8

ROT: Jesus, der Retter

Rot weist uns auf das kostbare Blut Jesu, das er am Kreuz für uns vergossen hat, um uns zu erretten.

"Gott aber erweist seine Liebe gegen uns darin, daß Christus, als wir noch Sünder waren, für uns gestorben ist ... durch sein Blut gerechtfertigt ... durch ihn vom Zorn gerettet werden."

Römer 5,8-9

Rot spricht von Liebe, Leidenschaft und Feuer. Jesus tauft uns mit dem Heiligen Geist und Feuer (Matthäus 3,11). Selbst in diesem Moment ist der Heilige Geist in der ganzen Welt dabei, Gottes Gemeinde zu läutern und ein neues Feuer anzuzünden. Das kann sehr schön auf einer Flagge z. B. in der Kombination von rot, gold, gelb und orange dargestellt werden. Und als die Jünger zu Pfingsten getauft wurden, erschienen Zungen wie von Feuer auf ihnen.

Viel Kraft geht von diesen Farben aus: Rot wird für Fürbitte gebraucht, denn das Blut ist unser Schutz gegen die dämonischen Mächte (Kolosser 2,15). Rot ist auch eine Kriegsfarbe, die hellrote Farbe der früheren Fechtkleider; Kleidung so „rot ... wie die eines Keltertreters". (Jesaja 63). So wie der dicke Vorhang im Tempel von oben nach unten zerriß und Jesus den Weg zum Vater bahnte, als er starb, so durchbricht das Blut trennende Mauern und bringt Einheit (Epheser 2,14-16).

VIOLETT: Jesus, der König und Hohepriester

Purpur war in der Zeit Jesu eine solch kostbare Farbe, daß nur Könige es sich erlauben konnten, hiermit ihre Königsmäntel färben zu lassen. Der Farbstoff wurde aus den sehr seltenen Purpurschnecken gewonnen, die nur in der phönizischen See vorkamen. Jesus erniedrigte sich bis in den Tod, und darum hat Gott ihn hoch erhoben, und ihm alle Macht im Himmel und auf Erden gegeben (Jesaja 53,12, Philipper 2,9). Er ist die Majestät, die auf den Wolken zurückkommen wird. So, wie Johannes in einer Vision sah, trägt er auf seinem Gewand und an seiner Hüfte einen Namen geschrieben: „König der Könige und Herr der Herren" (Offenbarung 19,11,16).

Violett ist auch die Farbe des Priesters und der Dienstbarkeit. Die Priesterkleider wurden im Alten Testament aus blauem und roten Purpur gemacht. So wie der Priester für das Volk Buße tat, so hat auch Jesus sich für uns geopfert und lebt jetzt, um für uns zu beten. (Das kann man im Hebräerbrief lesen.) Nun ruft Gott uns, Priester zu sein!

„Ihr aber seid ein auserwähltes Geschlecht, ein königliches Priestertum, eine heilige Nation, ein Volk zum Besitztum, damit ihr die Tugenden dessen verkündigt, der euch aus der Finsternis zu seinem wunderbaren Licht berufen hat."
1. Petrus 2,9

In der Farbe „Violett" machen wir der Welt deutlich, daß wir ihr dienend entgegenkommen. 1995 wurde in einer Versammlung mit dem amerikanischen Evangelisten Steve Hill gesagt, daß die rote und violette Flagge über dem Land geschwenkt werden müsse. Reinigung durch das Blut, und Jesus gleichgestaltet werden, um als Priester und Knecht zu dienen. Die Farbe „violett" vereinigt zwei scheinbar sehr weit auseinandergehende Salbungen: die zum Herrscher (König) und die zum Knecht (Priester). Aber eins ist sicher: Ohne die Bereitschaft, dienstbar zu sein, können wir auch keine Könige sein. Ohne Kreuz keine Krone.

Gott hält große Dinge für uns bereit. Und er verlangt, daß wir uns danach ausstrecken. Aber erst wenn wir anfangen, in der Gemeinde, in unserer Familie, in unserer Straße zu dienen, auch im Dienst der Fürbitte, werden wir in unserer Salbung wachsen. In dieser Reihenfolge: Priester, Prophet, König. Nicht umgekehrt!

GOLD: Die Gegenwart Gottes

Im Allerheiligsten war alles mit Gold überzogen, von der Lade mit den Cherubimen und dem Deckel der Lade des Zeugnisses bis hin zu den Mauern, der Decke, alles. Auch der Rauchopferaltar, der Leuchter und der Tisch für die geweihten Brote, die sich alle im Heiligtum befanden, waren aus Gold. Gold ist edel und rein. Hast du je einen echten Stab aus Gold gesehen? Er leuchtet in derselben Weise wie Gott, der mit Glanz und Licht umgeben ist. Jeder, der Gott begegnen möchte, muß sich deshalb reinigen – Gold wird im Schmelzofen siebenmal erhitzt, bevor alle Unreinheit daraus verschwunden ist.

„... und sie prüfen, wie man das Gold prüft ..."
Sacharja 13,9

Gold und Silber sprechen beide von Läuterung. In der Schule Gottes werden wir, seine Kinder, geprüft und getestet, gereinigt und diszipliniert, bis wir, wie der Diamant, seine Herrlichkeit in all seiner Leuchtkraft widerspiegeln, so daß wir auch sein Wort über alles lieben:

> *„Darum liebe ich deine Gebote, mehr als Gold und Feingold ..."*
>
> Psalm 119,127

Dann liegt unser Vertrauen nicht mehr in irdischem Gold und Silber, sondern:

> *„... so wird der Allmächtige dein Golderz und dein glänzendes Silber sein. Denn dann wirst du an dem Allmächtigen dich ergötzen und zu Gott dein Angesicht erheben. Du wirst zu ihm beten und er wird dich erhören."*
>
> Hiob 22,25-27

Gold ist sehr wichtig als prophetisches Ausdrucksmittel. Es ist doch unser Verlangen, den Herrn mehr und mehr in unseren Versammlungen zu erleben. Die Zeiten der festgelegten Liturgie sind vorbei. Es ist der Heilige Geist, der die Leitung bekommen muß, so daß Gott sich selbst, so wie er will, an uns offenbaren kann. Moses rief es aus: „Zeig uns deine Herrlichkeit, o Gott!", und David singt in Psalm 84: *„Es schmachtet meine Seele nach den Vorhöfen des Herrn!"* Zeig uns deine Herrlichkeit, o Gott!

SILBER: Erlösung

In 3. Mose 3,44-51 lesen wir, wie sehr Gott sich danach sehnt, die Leviten (Priester – das heutige Anbetungsteam) zu seinem Eigentum zu machen. Er gibt Mose den Auftrag, sie ein für allemal mit Lösegeld freizukaufen. Dies Lösegeld bestand aus Silberschekeln. Das Fundament des Zeltes bestand aus Silberblöcken, die jeder für sich 40 Kilo wogen. Hier werden wir auf Jesu Erlösungswerk hingewiesen, das einzige Fundament, auf dem wir weiter bauen können.

Die Leviten müssen Tag und Nacht mit dem Zelt beschäftigt gewesen sein. In dem Moment, wo die Wolke Gottes sich wieder in Bewegung setzte, mußte das ganze Lager die Zelte abbrechen und weiterziehen. Stell dir vor: das ganze Zelt mit all seinen Geräten, schweren Pfählen, Trägern und meterlangen Tüchern ... Und kaum ist man ein paar Kilometer weitergezogen und schläft gerade wunderbar, setzt sich die Wolke wieder in Bewegung! Also wieder alles mit roten und violetten Tüchern abdecken, überall Stangen einschieben, so daß alles weitergetragen werden kann, und dann noch den Altar sauber machen. Es würde mich nicht verwundern, wenn es wie ein Wohnmobil auf einem Campingplatz ausgesehen hat!

Das Anbetungsteam hat die Aufgabe, aufzupassen, flexibel zu sein und mit Feingefühl auf das einzugehen, was geschieht. Es geht nicht um die schöne Musikdarbietung, die wir uns ausgedacht haben, sondern darum, daß wir, wenn der Geist während der Anbetung angibt, daß wir in Lobpreis „ausbrechen" sollen, gehorsam sind. Er erwartet schon, daß wir uns dann sofort anpassen – ohne dadurch gleich aus der Fassung zu geraten. Der Heilige Geist ist in Bewegung – erst hier und dann da. Wenn wir im Strom des Geistes mitfließen, dann werden das spannende Zeiten, weil er dann seinen Plan ausführen und uns Jesus offenbaren kann!

„Mache dir zwei Trompeten von Silber; in getriebener Arbeit sollst du sie machen, und sie sollen dir dienen zur Berufung der Gemeinde und zum Aufbruch der Lager."

4. Mose 10,1

Diese Trompeten wurden aus einem Stück gegossen, dies weist auf Einheit hin. Durch die unterschiedlichen Signale wußten die verschiedenen Lager, wann sie aufbrechen mußten. Dies ist ein prophetisches Zeichen für uns, die Gläubigen: ein deutlicher Ton (1. Korinther 14,8), um zu sagen, daß es Zeit ist, sich zu erheben und in den Kampf gegen den Feind zu ziehen, so daß die Königsherrschaft Jesu sich in unserem Land frei Bahn brechen und über die kommen kann, die in der Finsternis sind!

„Und wenn ihr in eurem Lande in den Streit zieht wider den Bedränger, der euch bedrängt, so sollt ihr mit den Trompeten Lärm blasen, und es wird euer gedacht werden

vor Jehova, eurem Gott, und ihr werdet gerettet werden von euren Feinden."

4. Mose 10,9

KUPFER: Schuldbekenntnis und Demütigung

Alle Geräte sowie der Brandopferaltar im Vorhof des Zeltes waren aus Kupfer. Dies war der Platz, wo die Priester Opfer brachten, um Buße zu tun, sich zu waschen und zu reinigen. Danach zogen sie saubere Kleider an. In Offenbarung 1,15 sehen wir Jesus, wenn er zurückkommt, mit kupfernen Füßen. Meine ersten Flaggen waren aus kupferfarbenem Stoff. Das sind die Flaggen, mit denen ich stundenlang geübt habe, während ich Jesus in der Stille meines Zimmers angebetet habe, und wo ich meine Ängste – nämlich, die Flaggen in der Öffentlichkeit zu gebrauchen – überwunden habe. Das war zu der Zeit nämlich noch etwas sehr Ungewöhnliches. Erst später habe ich die wunderbare Symbolik begriffen, die sich darin versteckte: Es war für mich eine Zeit, in der ich mich vor dem Angesicht Gottes gedemütigt habe, um gereinigt zu werden und neue Kleider zu empfangen: Offenbarungen über Lobpreis und Anbetung, Freudenöl auf meinem Haupt.

GRÜN: Versprechen, neues Leben, Gnade und Fruchtbarkeit

„Gesegnet der Mann, der auf Jehova vertraut; er wird sein wie ein Baum, der am Bach gepflanzt ist und am Bache seine Wurzeln ausstreckt, und sein Laub ist grün."

Jeremia 17,8

„Der Gerechte wird sprossen wie die Palme ... noch im Greisenalter gedeihen sie."

Psalm 92,13.15

„Ich aber bin wie ein grüner Olivenbaum im Hause Gottes."

Psalm 52,10

Alle diese Texte machen uns deutlich, daß Wachstum, Leben und Vitalität ein Teil unseres Lebens sind, auch wenn wir alt werden! Gott gibt Gnade. In unserer Schwachheit sind wir in ihm stark.

42 / *Banner & Flaggen*

Auch wenn wir rennen, ermüden wir nicht. Er macht unsere Füße denen der Hindinnen gleich und läßt uns einherschreiten auf unseren Höhen. Grün spricht zu uns: Durchhalten! Nicht aufgeben, Gott ist mit dir! Da, wo wir den Weg nicht sehen können, wird er einen Weg bahnen und uns Frucht geben.

GELB: Freude, Kraft und Lobpreis

> *„Denn vom Anfang der Sonne bis zu ihrem Niedergang wird mein Name Gros sein unter den Nationen, und an jedem Orte wird ge räuchert ... und zwar reine Opfergaben."*
> Maleachi 1,11

Gelb läßt uns an die Sonne denken. Die Bibel sagt uns, daß Gott selbst so wie Sonne und Schild ist, und daß wir, die Gerechten, leuchten werden wie die Sonne im Reich seines Vaters (Matthäus 14,43). Gelb ist eine fröhliche Farbe, sowohl in Ausdruck als auch in Kraft, genauso wie die Sonne mit ihren kräftigen Strahlen Licht und Freude in Menschenherzen bringt. Gelb ist eine herrliche Farbe, um während des Lobpreises gebraucht zu werden, denn kraftvoller Lobpreis läßt Mauern einstürzen, durchbricht die Finsternis und bahnt uns den Weg zu Gott, so daß wir ihm in all seiner Kraft begegnen können!

SYMBOLE
Symbole verstärken die Kommunikation. So wie Hammer und Sichel auf der früheren sowjetischen Fahne, die „Rot-Kreuz"-Fahne, der Totenkopf auf der Piratenfahne und die Sterne der Europäischen Gemeinschaft. Jesus sprach selbst viel in Gleichnissen und Symbolen, er gebrauchte Beispiele mit „irdischen" Elementen, z. B. Korn, Fische und eine Perle, um uns seine Botschaft deutlich zu machen.

Auch wenn Symbole eigentlich am meisten auf Bannern gebraucht werden, kann man sie natürlich auch auf Flaggen anbringen. Dann muß man allerdings aufpassen, daß die ganze Sache nicht zu kompliziert wird. Buchstaben sind keine gute Idee, denn erstens bewegt sich die Flagge ständig, und zweitens muß die Botschaft auch von weitem gut zu lesen sein. Einige Symbole, die gut anzuwenden sind, sind z. B. Kreuz, Krone, Kerzenleuchter, Flammen, Taube, Trauben, Trompeten, Schwert, Schild, Erdkugel, Baum, Becher, Sonne und Regenbogen. Suche die passende Farbe zum Symbol, das du gebrauchen willst.

Gewöhnlich paßt die goldene Farbe zur Krone, und zum Kreuz paßt Rot als Hintergrund sehr schön. Auf diese Weise hat der Herr mir geholfen, eine ganze Serie von „Emblemflaggen" zu entwerfen. „Das Blut" – eine rote Flagge mit goldenem Kreuz, „Majestät" – eine goldene Krone auf dunkelblauem Hintergrund, „Königliches Priestertum" – eine Flagge in dunkellila und rot-orange Feuerflammen, „Der Kriegsführer" – grün und blau mit einem silbernem Schwert und „Gebt das Signal" – eine rosa und blaue mit Trompeten drauf. (Einige davon sind auf den Umschlagseiten zu sehen).

HINDERNISSE

Farben und Symbole stehen uns zur Verfügung, und wir dürfen mit viel Freude und Hingabe Gebrauch von ihnen machen. Man sollte also nicht krampfhaft versuchen, eine Farbe gebrauchen zu wollen, wenn die nun gerade nicht verfügbar ist. Man sollte nehmen, was vor einem liegt. Es kann geschehen, daß man in einer Zusammenkunft vorne eine rote Flagge schwenkt, und plötzlich wird ein Lied mit dem Thema „Ströme Gottes" angestimmt. Rennt man dann zurück zu seinem Platz, um zu den blauen Flaggen zu greifen? Und was macht man, wenn im nächsten Moment das Anbetungsteam in aller Freiheit mit Lobpreis anfängt und man durch eine starke Salbung auf geistliche Kampfführung eingestimmt wird? „Hilfe!" Man muß die Menschen um einen herum und das, was man sich vielleicht vorher überlegt hat, vergessen, sich in der Salbung verlieren und auf den Heiligen Geist konzentrieren. Übrigens ist es oft so, daß der Herr in einem Dienst etwas ganz Besonderes vorhat. Wie oft habe ich es erlebt, daß ich zu Hause, während ich bete, empfangen habe, welche Farben ich mitnehmen sollte. Und dann brauche ich auch nicht so viel mitschleppen, meistens nur zwei oder drei Flaggen.

⑥ DIE ANFERTIGUNG VON BANNERN

Nur wenn wir die Anfertigung von Bannern als eine Berufung Gottes sehen, werden wir sie machen können. Gott selbst rief den Künstler Bezaleel beim Namen und füllte ihn mit Weisheit, Einsicht und Kenntnis, so daß er mit Gold, Silber und Edelsteinen Kunstwerke nicht nur ersinnen, sondern auch ausführen konnte (2. Mose 31,1-5). Und danach lesen wir, daß Gott in das Herz eines jeden, der die Gabe der Kunstfertigkeit hat, Weisheit gelegt hatte. Gott hat so viele prächtige Kunstwerke in seinem Geiste, und wie sehr möchte er Menschen salben, sie ausführen zu können. Roberts Liardon erzählte, daß er, als er im Geiste einmal in den Himmel geführt wurde, eine riesige Bibliothek sah. Auf sein Fragen hin erfuhr er, daß in dieser himmlischen Bibliothek alle Bücher standen, die Gott herausgeben wollte; alles was er noch suche, sei für jedes Buch einen Schriftsteller mit einem willigen Herzen, der auf seinen Geist abgestimmt sei!

Wenn du den Drang in dir verspürst, für Gott schöne Dinge entwerfen zu wollen, dann zögere nicht! Gott selbst steckt dahinter. Wenn es immerzu in dir sprudelt, für Gott etwas Besonderes, Außergewöhnliches, etwas, was ihm die Ehre gibt, machen zu wollen, dann fange heute noch damit an! Verstecke dich nicht hinter dem bescheidenen „Wer bin ich denn". Vertraue auf die Salbung, unter die Gott dich gestellt hat, denn sie ist es auch, die dich in allem belehren wird (1. Johannes 2,27).

Wenn ich an die Vision denke, die ich beim Anfertigen von Bannern habe, dann sehe ich immer Licht als etwas sehr Wichtiges. Bis vor kurzem waren Banner oft ziemlich dunkel und einfach in der Ausführung. Wie sehr preise ich den Herrn, daß er Pioniere gerufen hat, die einen Anfang gemacht und die Banner erhoben haben; und das in einer Zeit, in der noch wenig darüber geoffenbart war. Aber Gott gibt für jede Zeit neue Offenbarungen, und die Zeit ist angebrochen, daß die Herrlichkeit Gottes auf unseren Bannern sichtbar gemacht werden muß. Eigentlich müßten sie so gemacht sein, daß das Licht einfach davon ausstrahlt, ein Licht, so glänzend wie das des Regenbogens oder das der Sonne. Denn der Herr selbst ist wie die Sonne (Psalm 84,12). Er strahlt in Glanz (Psalm 80,2), und Glanz wie das Sonnenlicht umgibt ihn (Habakuk 3,4). Kraft und Herrlichkeit sind Teil seiner Heiligkeit!

Diesen Effekt kann man gut erzielen, indem man glänzende Stoffe gebraucht, Pailletten, goldfarbene Bänder, farbige Steine, Quasten und drapierte Stoffe. Probieren Sie neue Dinge aus, begnügen Sie sich nicht mit dem, was vorhanden ist, versuchen Sie, neue Stoffe und neues Material ausfindig zu machen. In den großen Städten findet man heutzutage genug ausländische Geschäfte, die die prächtigsten und farbigsten Stoffe verkaufen. Und vor allem vergessen Sie nicht, den Herrn zu bitten, Sie zu inspirieren. Das macht er! Er ist der Schöpfer und der größte Designer aller Zeiten! Und seine Ideen sind auch höher als die unseren. Wie oft ist es mir passiert, daß ich Flaggen und Banner entworfen habe und erst Wochen oder Monate später begriff, warum ich nun ausgerechnet die eine Farbe oder das bestimmte Symbol darin verarbeitet habe. Das finde ich so spannend: die enge Zusammenarbeit mit Gott, die die schönsten Dinge hervorbringt, und zu entdecken, daß das Endresultat oft noch viel schöner ist, als man es sich je vorstellen konnte!

Darum ist es auch wichtig, ab und zu Abstand von der Arbeit zu nehmen. Man sollte sie dann aufhängen, hin und wieder einen Blick darauf werfen und dafür beten. Bleiben Sie dabei im Gespräch mit dem Herrn, gehen Sie Schritt für Schritt weiter. Jede Einzelheit ist wichtig und verdient es, daß sie sorgfältig ausgearbeitet wird. Machen Sie nie etwas in Eile, und vergessen Sie auch nicht, andere um ihre Meinung zu fragen. Denn selbst dann kann noch etwas schiefgehen! Das ist mir bei der Anfertigung des Banners „Awesome God" passiert: ein dunkellila Banner mit Zungen wie Feuer in allerlei Schattierungen. Verschiedene Leute hatten sich das Banner angesehen, und jeder war begeistert. Am Abend hängte ich es im „Heiligtum" auf (in diesem Fall war es die hintere Wand des Podiums in der Gemeinde), wo auch meterlange

Gardinen von mir drapiert hingen. Ich war froh und stolz auf das, was ich vollbracht hatte. Am nächsten Sonntag schien alles um mich herum herrlich: Die Lampen schienen auf mein Meisterwerk, das Ganze sprühte von Lebenskraft durch die Intensität der Farben. Gefühl und Leben herrschten im Raum anstelle der bisherigen unpersönlichen Atmosphäre.

Die Ernüchterung kam nach dem Gottesdienst. Jemand kam ganz spontan und arglos zu mir und sagte: „Ich glaube, daß du einen Buchstaben vergessen hast." Während ich fühlte, wie sich mein Magen zusammenzog, starrte ich sie total erstaunt an: „Was meinst du?" Voller Geduld erklärte sie mir, daß man im Englischen „Awsome" mit einem „e" dazwischen schreibt, also „Awesome". Das Gefühl, das ich an diesem wunderschönen Morgen gehabt hatte, verwandelte sich in eine schwere Enttäuschung. So viele verschiedene Menschen hatten sich das Banner vorher angesehen, und keiner hatte mich darauf aufmerksam gemacht! Glücklicherweise habe ich den Fehler ziemlich schnell verbessern können. Seufz!

Gehen Sie also immer auf „Nummer Sicher", und schauen Sie alles im Wörterbuch nach! Die Anfertigung von Bannern ist eine sehr gute Lehre – auch wenn sie manchmal frustrierend ist. Es ist ein Weg, auf dem allerlei unerwartete Schwierigkeiten und Hindernisse auftauchen können. Lassen Sie nie den Kopf hängen, sondern sehen Sie die Hindernisse als eine Herausforderung an ... Selbst wenn einem gerade 30 cm Goldband fehlen und man Stadt und Land abgelaufen ist, um das fehlende Stück zu finden – ohne Erfolg. Seien Sie dann nicht traurig, Gott kann eine solche Idee geben, daß dadurch das Endresultat viel kreativer ist, als man es sich je vorstellen konnte.

Und denken Sie auch nicht, daß etwas Schönes auch immer gleich viel Geld kosten muß. Auch hierin möchte der Heilige Geist helfen und leiten. Bevor ich losziehe und z. B. neue Kleider oder Schuhe kaufen muß, bete ich immer. Dabei spare ich nicht nur Zeit, sondern auch Geld! Oft ist der herabgesetzte Rest Stoff genau das, was man braucht, und in der Zeit nach Weihnachten sind oft die festlichen Stoffe im Ausverkauf. Aber wie der Preis auch sein mag, machen Sie nie Zugeständnisse an die ursprüngliche Idee. Lieber abwarten und weitersuchen als zweite Wahl!

PRAKTISCHE TIPS

1) Zeichnen Sie den Entwurf des Banners einschließlich aller Einzelheiten erst auf Papier. Es ist immer einfacher, auf Papier Veränderungen vorzunehmen, als Nähte loszumachen und aufgeklebte Buchstaben oder Symbole zu verschieben.

2) Stellen Sie sich die Frage, wozu das Banner gebraucht wird. Um die Vision der Gemeinde zum Ausdruck zu bringen? Wird es ein festliches Banner für besondere Gelegenheiten? Oder wird es eines in einer Reihe, die in der Gemeinde aufgehängt werden, um etwas Besonderes zu verkündigen?

Hören Sie auch gut auf die Anweisungen, die Sie bekommen, fangen Sie nie etwas an, ohne zu wissen, was die Gemeinde für eine Sicht der Dinge hat und was die Funktion des Banners wird. Deswegen ist es so wichtig, alles zusammen mit dem Herrn zu tun und im Gespräch mit der Gemeindeleitung zu bleiben. Passen Sie auf, daß Sie die Autorität, die Gott der Gemeinde gegeben hat, nicht außer acht lassen oder darüber hinweggehen. Denn in dem Fall wird das Banner eher ein Störfaktor als ein Segen sein. Womit ist der Geist in der Gemeinde beschäftigt? Was brauchen die Gläubigen, um ermutigt zu werden?

3) Bestimmen Sie erst die Hintergrundfarben, die gebraucht werden, und erst dann die Reihenfolge der Elemente, Symbole und Buchstaben, die später angebracht werden.

4) Kaufen Sie lieber zu viel als zu wenig. Nichts ist schlimmer, als zu entdecken, daß man von etwas nicht genug Material hat, während man so herrlich vor sich hinnäht.

5) Schneiden Sie zunächst die Basis und danach Schritt für Schritt den Rest wie Buchstaben usw. aus. Gleich alles auszuschneiden schränkt die Bewegungsfreiheit ein, anpassen ist dann oft nicht mehr möglich.

6) Größere Stücke kann man gut auf der Maschine nähen, kleinere Teile werden sicher mit der Hand genäht oder appliziert werden müssen. Auffällige Nähte o. ä. kann man hinterher gut mit Paillet-

ten- oder Goldband abdecken. Auch das kann man auf der Nähmaschine machen, dann kommt man viel schneller voran – allerdings muß man dann ab und zu mit einer kaputten Nadel rechnen ... Kleben ist natürlich auch eine Möglichkeit. In der Zeit, wo ich alles so perfekt wie möglich haben wollte, erschien mir das immer als die minderwertige Lösung. Aber nach all den Kämpfen mit meterlangem Stoff unter der Nähmaschine und so vielen gebrochenen Nadeln war ich dann auch bereit, meinen Stolz zur Seite zu legen. Kleben ist ideal, besonders, wenn es um Buchstaben geht.

7) Anstelle der gewöhnlichen Blockbuchstaben kann man auch mal frei gestaltete, expressive Buchstaben wählen. Auf dem Computer ist es heutzutage einfach, neue Entwürfe zu machen und auszuführen.

8) Schon seit vielen Jahren werden der „Löwe von Juda" und das „Lamm Gottes" als Vorbild gebraucht, aber da sind noch so viele andere Möglichkeiten! Versuchen Sie einmal, alle Namen Gottes, Jesu oder des Heiligen Geistes aufzuschreiben. Ein wunderbares Mittel, um neue Höhen des Lobpreises zu erreichen! Und wie wäre es, einmal Verkündigungen und Einladungen im Text zu gebrauchen?

9) Dünne Stoffe flattern, schwere Stoffe hängen eindrucksvoll und stilvoll nach unten. Beide sind gut zu gebrauchen, aber passen Sie den Stoff an das Thema an. Der Heilige Geist ist zum Beispiel wie der Wind, und der Vater ist uns wie eine feste Burg.

10) Machen Sie jedes Banner so, daß Sie es gut in einem Umzug tragen können. Banner sind in dem Sinne keine Dekoration. Sie müssen ihre Botschaft prophetisch in einer Versammlung austragen können und so gemacht sein, daß man mit ihnen auch nach draußen kann. Also gehört zu jedem Banner eine Stange. Was habe ich mir den Kopf zerbrochen, bis ich die Lösung hatte und das Banner getragen werden konnte! Jeder wird auf seine Weise das Problem lösen müssen. Stangen aus PVC oder Gardinenstangen sind Möglichkeiten. Fragen Sie Handwerker oder andere Christen.

Dies ist alles mindestens so wichtig wie das Banner selbst. Wunderschön verzierte Knöpfe, Stangen und Quasten sind alles Bestandteile des Ganzen. Hier sind uns die amerikanischen Schwestern schon weit voraus, sie sind wahre Künstler. Streben Sie danach, den Überfluß des Herrn sehen zu lassen. Gott ist weder geizig, langweilig noch eintönig. Jesus kam, um uns Leben und Überfluß zu bringen!

DAS TRAGEN DES BANNERS

> *„Herr, wer darf in deinem Zelt weilen? Wer darf wohnen auf deinem heiligen Berg? Der rechtschaffen wandelt und Gerechtigkeit übt und Wahrheit redet in seinem Herzen."*
> Psalm 15,1,2

Gott sucht wahre Anbeter, die, die ihn in Geist und Wahrheit anbeten (Johannes 4,24). Nie und nimmer darf das Ausdrucksmittel „fleischlich" sein. Wenn es nicht aus dem persönlichen Verhältnis mit Gott entspringt, kann es leicht „trübe" werden. Dann sind wir nicht feinfühlig, nicht abgestimmt auf die Leitung des Heiligen Geistes. Ich komme im letzten Kapitel darauf zurück. Tragen Sie Ihr Banner im Frieden mit Gott, sehen Sie zu, daß nichts zwischen ihm und Ihnen steht. Kommen Sie täglich vor seinen Thron, beten Sie ihn an und leben Sie für ihn!

❼ PROZESSIONEN UND UMZÜGE

An einem sonnigen Sonntagmorgen stand ich mit unserer ganzen Familie am Straßenrand, voller Erwartung auf das, was kommen würde. Zu der Zeit wohnten wir noch in Belgien. Das ganze Dorf stand im Zeichen der katholischen Prozession, die gehalten werden sollte. Ein Umzug zur Ehre eines Geschehens in der Kirche, weit weg, irgendwo in ihrer Geschichte. Tausende von Menschen, aus der ganzen Umgebung zusammengeströmt, warteten mit uns. Ich mußte meinen gewohnten Gedankengang „Was kann schon Gutes aus der traditionellen Kirche kommen" zur Seite schieben, denn ich war neugierig.

Und dann kamen sie! Die Trommeln wirbelten, die Musik fing an zu spielen, und der Zug kam in Bewegung. Langsam lief das Schauspiel an uns vorbei, einer schöner als der andere, alles zu Fuß: vorneweg die Apostel, die laut aus den Evangelien vorlasen, verlorene Sünder in Schwarz und in Ketten, die ein großes Kreuz mit Ausdrücken wie „Stolz", „Urteil", „Eifersucht" und „Egoismus" darauf trugen. Danach kam das „Lamm Gottes", kleine Kinder in Lammfellen liefen herum; danach Fahnenschwenker, in die farbenfrohesten Kostüme gekleidet, synchron meterlange Flaggen schwenkend und in die Luft werfend. Der Chor bestand aus Schulkindern, unter ihren Gewändern guckten die Jeans heraus und quietschten ihre Nike-Schuhe. Prächtige, große, bis in Einzelheiten gestickte Banner wurden so hoch in die Luft gehoben, daß man sie schon aus der Ferne sehen konnte. Kleine Blumenmädchen mit entzückenden Körben voll Korn und Früchten ließen uns so sehen, was die Ernte hervorgebracht hatte ... und noch so viel mehr. Ich glaube, daß der Zug mindestens zweihundert Meter lang war.

Nachdem ich mich von meinem ersten Erstaunen erholt hatte, merkte ich, wie langsam die Tränen in meine Augen stiegen, ich war angerührt und traurig zugleich. Eine eigenartige Mischung überfiel mich, ich bewunderte das alles, war aufgeregt, das alles zu sehen, und zur gleichen Zeit erfüllte es mich mit Scham und Wut. Das hatte ich nicht erwartet! Diese Menschen, die aus purer Tradition ihre Reliquien mit sich trugen, die noch so wenig Offenbarung vom echten Evangelium empfangen hatten – sie zogen durch die Straßen, um das, was sie, auch noch so begrenzt, verstanden hatten, sehen zu lassen. Und das nicht allein, diese kirchlichen Gläubigen bezogen jung und alt, die Schüler, Musik, Gesang und Fahnenschwenker mit ihren Ausdrucksmitteln in das Geschehen ein; ich sah die Lehrer und Lehrerinnen, die ich von den Schulen meiner Kinder kannte, Seite an Seite mitlaufen. Jeder war mit Ernst bei der Sache, und jeder war stolz auf seinen Beitrag.

In meinem Herzen fing ich an zu beten: „Herr, vergib mir meine Kritik. Wieviel müssen wir doch noch lernen, Herr. Wie herrlich, daß so viele Menschen gekommen sind, um das mitzuerleben. (Wie schön, daß das Evangelium – wie beschränkt auch – von Tausenden am Straßenrand gelesen und gehört wurde.) Aber, Herr, wie schade, daß die wahre Botschaft vom Evangelium für sie noch so zugedeckt ist, obwohl sie sich so anstrengen! Herr, wie viele Menschen aus dieser Menge verstehen eigentlich, worum es wirklich geht? HERR, WAS WÜRDE PASSIEREN, WENN WIR ALS GEISTERFÜLLTE KINDER GOTTES EINEN SOLCHEN UMZUG ORGANISIEREN WÜRDEN, IN DER KRAFT UND DURCH DIE OFFENBARUNG DES HEILIGEN GEISTES?"

Das ließ mich nicht mehr los. Der Herr hatte mir schon ein paar Jahre zuvor gezeigt, daß wir viel aktiver Flaggen und Banner gebrauchen müßten, wenn wir durch die Straßen ziehen.

In unseren evangelischen Kreisen haben wir die Tendenz, uns nicht festlegen zu wollen. Dadurch allerdings verlieren wir den Einfluß auf die Umwelt. Das ist jedoch nicht der Wille Gottes. Wenn wir nur einmal an die Umzüge, die in Israel gehalten werden, denken! Unsere Umzüge sollten „Segensumzüge" sein, sollen zeigen, wer Gott ist und was Jesus getan hat. Und dann kann jeder, der folgen will, sich gleich anschließen und mitlaufen!

Die Bibel ist voll mit Beispielen von Prozessionen und Umzügen:
1. Die Reise durch die Wüste war ein Umzug mit Bannern (4. Mose 2).
2. Als der Herr den Sieg gab, nahm Mirjam, die Prophetin, das Tamburin, und alle Frauen schlossen sich an (2. Mose 15).
3. Siebenmal mußte das Volk um Jericho ziehen, ein Umzug, der sehr viel Erfolg hatte (Josua 6)!
4. Die Rückkehr der Lade Gottes, die David veranlaßte, ging Hand in Hand mit Freudengeschrei, Gesang und übermütigem Tanz (1. Chronik 15)!
5. In Psalm 68 lesen wir von der Prozession zum Heiligtum, an der alle Stämme teilnahmen. Die Psalmen 120 bis 134 erzählen uns, wie alle nach Jerusalem hinaufzogen, um das Laubhüttenfest zu feiern.
6. Bei der Einweihung der wiederaufgebauten Mauer Jerusalems veranlaßte Nehemia, daß zwei Chöre mit Lobpreis und Gesang über die Mauern liefen (Nehemia 12).
7. Josaphat feiert seinen Sieg mit einem Umzug, mit Harfen, Zither und Trompeten (2. Chronik 20).
8. Jesu Einzug in Jerusalem auf einem Esel: Die ganze Menge jubelt, und während sie mit den Palmzweigen wedeln, singen sie: „Hosanna!"

Die damaligen Kirchenleiter, die an dem Einzug einiges auszusetzen hatten, mußten von Jesus hören: „Ich sage euch, wenn diese schweigen, so werden die Steine schreien!" (Lukas 19,40). Die Zeit kommt, in der wir der Welt in ihrer Not die Gute Nachricht zurufen werden. Wir leben in einer Welt mit modernen Kommunikationsmitteln. Aber selbst in diesen modernen Medien werden Flaggen, Fahnen und Banner benutzt. Überall flattern die Fahnen, und jeder läßt uns wissen, daß er da ist: das Rote Kreuz, UNICEF, Coca-Cola, Kaufhäuser, und selbst die verschiedenen Fußballclubs lassen nicht nur ihre Fahnen wehen, sondern wir finden sie auf T-Shirts wieder. Die Botschaft muß verkündet werden!

Aber wo finden wir nun die Flaggen für den Herrn? Die Banner? Ist unsere Botschaft nicht die beste von allen? Und hat der Herr nicht gesagt: „Umsonst habt ihr empfangen, gebt es darum umsonst!"? Ich bete, daß eine Vision für Umzüge für den Herrn in unser Land kommen wird. Als allererstes ist ein Umzug eine Demonstration im Geiste. Momentan geht jeder mit Transparenten durch die Straßen. Wir aber, die wir das Wort Gottes verkündigen, müssen zusehen, daß dieses Wort in allem zu finden ist. Wenn wir das begriffen haben, dann werden Umzüge wie der „Marsch für Jesus" eine Gelegenheit werden, um prächtig mit Flaggen und Bannern, mit Musikern, Tänzern und Künstlern durch die Straßen zu ziehen.

Der Herr spricht regelmäßig zu uns in den Gebetsstunden, die wir während unserer Workshops halten. Menschen empfangen die Schau, in einem Umzug hinauszuziehen, besonders vor die Regierungsgebäude. Genauso wie die Gruppe von Christen, die, gewappnet mit Bannern, betend vor einer Abtreibungsklinik hin- und herliefen. Da, wo der Tod herrschte, verkündigten sie Leben. Und das ist genau das, wozu wir gerufen sind: nicht dazu, Dinge mit körperlicher Gewalt zu erzwingen oder die Gesetze des Landes zu brechen, sondern, mit Liebe die großen Taten unseres Gottes zu verkündigen. Dazu, in jeder Situation durch die Kraft des Heiligen Geistes das Wort zu sprechen. Da, wo Krankheit herrscht, sprechen wir von Gesundheit, wo Mangel ist, von Überfluß, und wo Traurigkeit ist, von Freude.

WIE SIEHT DAS PRAKTISCH AUS?

Bevor wir uns nach draußen wagen, ist es gut, sich erst in der Gemeinde mit Umzügen vertraut zu machen. Bei festlichen Angelegenheiten kann dies wunderbar zur Feier beitragen. Ich würde alle, die sich mit Tanz und ähnlichem beschäftigen, ermutigen wollen, sich einmal in der Woche zu treffen und zu beten. Dann hat man gleich Zeit, Ideen austauschen und vom Herrn neue Offenbarungen zu bekommen. Auf diese Weise wird auch gleich eine Einheit entstehen, die dann sonntagmorgens auch sichtbar wird!

Das biblische Vorbild eines Umzuges sieht so aus: die Musikanten vorneweg, gefolgt von Tanz und Flaggen, gefolgt von den Bannern. (Natürlich können die Musiker auch, wenn es nicht anders geht, auf dem Podium bleiben.) Ansonsten kann man alles so einfach oder aufwendig machen, wie man möchte. Das Video „Sing Out" von Ron Kenoly ist eine Inspiration auf diesem Gebiet, ebenso das Video „From Glory to Glory", auf dem wir das Laubhüttenfest in Israel miterleben können.

INSPIRATION

Was Sie auch tun, strecken Sie sich immer danach aus, vom Heiligen Geist inspiriert zu werden, anders wird es leicht ein leeres „Spektakel". (Inspiration ist nicht mit Perfektion gleichzusetzen, im Gegenteil, das kann Menschen leicht abschrecken.) Dies kann nur durch Gebet und eine enge Zusammenarbeit mit dem Anbetungsteam und den Musikern vermieden werden. Ein Umzug kann unterschiedlichen Charakter haben: feierlich oder mit dem Gefühl des Sieges, Hand in Hand mit Kampfführung, einmal mit lautem Jauchzen und Jubel. Am schönsten finde ich immer, wenn der Einzug für die Menschen ganz unerwartet kommt, zu einem abgesprochenen Moment und von hinten im Saal.

Und wenn es auch eine Überraschung für die Menschen ist, so ist es doch ungemein wichtig, daß die Mitwirkenden alles gut einüben. Nur so kann man stolpernde Bannerträger, verlorene Flaggen oder chaotische Tänzer vermeiden. Es ist eine herrliche und dankbare Aufgabe, sich einen Umzug auszudenken, und eigentlich macht es jedem, der daran teilnimmt, Spaß. Sicher auch eine gute Idee für Kinder, die dann vorher ihre eigenen Banner (z. B. aus Papier) machen können. So formen Männer und Frauen, jung und alt, einen fröhlichen Zug!

8
KÖNIGSTÖCHTER

„Wie prächtig sieht die Königstochter aus! In golddurchwirktem Kleid betritt sie den Palast. Über bunte Teppiche wird sie hereingeführt mit ihrem Brautgefolge von jungen Mädchen; so bringt man sie zum König. Unter Freudenrufen und lautem Jubel ziehen sie ein in die große Halle."
Psalm 45,14-16

Gott liebt seine Töchter. In diesem Moment ist er dabei, ein neues Kapitel in der Geschichte zu schreiben: die Wiederherstellung der Ehre der Frau, sowohl im natürlichen als auch im geistlichen Bereich. Nach so vielen Jahrhunderten von Unterdrückung, manchmal reiner Sklaverei, bringt Gott sie zurück, strahlend in Schönheit und Würde, die er ihr zugedacht hat. Und auch über seine Mägde wird er seinen Geist gießen, auch sie werden prophezeien (Joel 2)!

Der alte Weinschlauch – die verrotteten (oft unbiblischen) Ideen in bezug auf die Rolle der Frau in der Gemeinde Gottes – ist zu klein geworden! Überall stehen Frauen auf und üben ihren Dienst aus. Manchmal bedeutet das auch, daß sie Aufgaben übernehmen, die die Männer liegengelassen haben. Neue Erleuchtung wird ihnen gegeben, sie geben Unterricht, durch Prophetie hauchen sie Menschen neues Leben ein, veranlassen, daß sich Fürbitter in Gruppen zusammenfinden, kurz: Sie sind ein Licht in ihrer Umgebung, und überall strahlt dieses Licht – in ihren Familien, in den Schulen ihrer Kinder, in den Hausbibelkreisen.

Gott ist dabei, seine Töchter, die Töchter Zions, zu heilen. Alle Wunden, Schmerzen, Ablehnung, und alles Unverständnis rührt er an, und der Geist gießt seinen duftenden Wein und sein Öl darüber. Befreit von aller Minderwertigkeit und Gefühlen der Ablehnung werden sie gleich Mastkälbern hüpfend die Ställe verlassen und die Feinde zertreten (Maleachi 4)!

„Frohlocke laut, Tochter Zion; jauchze, Tochter Jerusalem!"

Sacharja 9,9

„Sagt der Tochter Zion: siehe, dein Heil kommt; siehe, sein Lohn ist bei ihm ..."

Jesaja 62,11

„Meine Wehklage hast du mir in Reigen verwandelt ... ihnen Kopfschmuck zu geben statt Asche ... Denn er hat mich bekleidet mit Kleidern des Heils, den Mantel der Gerechtigkeit mir umgetan, wie ein Bräutigam den Kopfschmuck nach Priesterart anlegt und wie eine Braut sich schmückt mit ihrem Geschmeide."

Psalm 30; Jesaja 61

Gott schmückt seine Braut mit Goldbrokat; er schmückt sie und ihre Freundinnen mit allerlei kostbaren Gaben, Talenten, Diensten und Salbungen, und er führt sie in seinen Palast.

DIE VORBEREITUNGSZEIT

Genau wie Esther sich Zeit für all die verschiedenen Schönheitsbehandlungen nehmen mußte, so haben auch wir eine Zeit der Vorbereitung mit dem Herrn nötig. So werden wir erwachsen, können seine Stimme hören und können an den Platz kommen, wo wir in der Anbetung in sein Bild verändert werden. Das gilt ganz bestimmt für alle die unter uns, die kreativ in der Musik, als Künstler und Tänzer beschäftigt sind. Sie haben Zeit nötig, um alle Eindrücke und Inspiration des Heiligen Geistes interpretieren zu können; sonst besteht die Gefahr, daß unsere Begeisterung mit uns „davonläuft", wir aber sehr wenig Frucht in unserer Arbeit sehen werden. Zuerst ist der Heilige Geist unser Lehrer und Ratgeber, und er möchte so gerne in der Stille zu uns sprechen und uns leiten.

„Unsere persönliche Anbetung bringt neues geistliches Leben hervor, dann werden wir etwas zustandebringen." Deswegen ist die Basis für die Verherrlichung Gottes, seine Stimme zu erkennen.

HEILIGUNG UND DISZIPLIN

Wenn Gott uns anrührt, werden wir verändert, wir empfangen eine neue Salbung, gehen von Herrlichkeit zu Herrlichkeit. Nun gibt es Menschen, die so von sich eingenommen sind, daß sie es nicht für nötig halten, sich Autoritäten, gleich welcher Art, zu unterwerfen. Ihr Motto ist: „Freude, Freiheit!" Aber gerade in diesem Zusammenhang kann dann Tanz und der Gebrauch von Flaggen zu einem gewissen Chaos führen, vor allem, wenn auch jeder Vorschlag zur Korrektur in den Wind geschlagen wird. Wie oft habe ich alleinstehende Frauen sagen hören: „Jesus ist mein Mann, und ich höre nur auf ihn!"

Liebe Schwester, das ist eine absolute Täuschung. Gott selbst hat uns Leitung in der Gemeinde gegeben, und sie ist der Kanal, in dem uns Autorität und Salbung zufließen! In dem Moment, wo der Leiter des Anbetungsteams denkt, alles besser zu wissen als der Pastor oder der Leiter der Gemeinde, öffnet er die Tür für unheilige Einflüsse, wodurch Gott dann nicht mehr segnen kann. Autorität nimmt man sich nicht, man bekommt sie. Gott nimmt Beförderungen vor!

„Macht euch rein, denn ihr tragt die Geräte für den Tempel des Herrn."

Jesaja 52,11

„Betet an den Herrn in heiliger Pracht! Erzittere vor ihm, ganze Erde!"

Psalm 96,9

Genau wie die Musiker und Sänger müssen diejenigen, die berufen sind, durch Tanz und körperlichen Ausdruck zu dienen, durch die Leitung angestellt werden. Die Leviten mußten sich alle der Wasserbesprengung unterwerfen (Gottes Wort studieren), sich der Läuterung des Fleisches unterwerfen (das Wort im täglichen Umgang anpassen) und ihre Kleider waschen (reine Haltung durch tägliche Erneuerung). Erst nach diesen Handlungen wurden sie für tauglich erklärt, daß ihnen die Hände aufgelegt wurden. Dann waren sie bereit zum Dienst (4. Mose 8,5-15). David, der damit unachtsam umgegangen war, hat es selbst später von den Leviten verlangt, nachdem er vom Herrn deswegen getadelt worden war (1. Chronik 15,11-14).

In unserem Innersten, zwischen unserer Seele und unserem Geist herrscht ein Krieg. Und selbst wenn du überzeugt bist, daß du im Recht bist, laß los! Wenn in deiner Gemeinde noch kein Platz ist, um sich in dieser Weise auszudrücken, dann bete dafür und vertraue dem Herrn! In dem Maße, in dem der Geist sich „erhebt", in dem Maße muß unser Fleisch kapitulieren. Hüte dich vor „überheblicher Geistlichkeit" in der Versammlung; so mancher möchte gerne „gesehen" werden, aber in dem Moment, wo man ihn bittet, in der Sonntagsschule zu helfen, ist er nicht mehr zu finden. Demütige dich vor dem Herrn und Menschen, dann wird er dich zur rechten Zeit erhöhen. Hab keine Angst, daß niemand dich sieht, daß deine Arbeit und Mühe unbeachtet blieben. David wurde ganz überraschend von den Schafen weggeholt und zum König gesalbt, und das, obwohl er noch nicht mal danach gefragt hatte! Sieh das Ganze als einen Prozeß an; so mußte auch Königin Esther durch alle ihre Schönheitsbehandlungen, um Geduld zu lernen und sich reinigen zu lassen bis zu dem Moment, als Mordechai zu ihr sagte: „Wer weiß, ob du nicht genau um dieser Gelegenheit willen zur Königin erhoben worden bist?" (Esther 4,14) In Weisheit wartete sie auf den günstigsten Moment, trat freimütig dem König entgegen und rettete so ihr Volk vor dem Untergang. Verlaß dich deshalb auf den Herrn. Gott kennt dich, und er weiß, wo du wohnst.

SCHÖNHEIT IN DER ANBETUNG

„Und ich badete dich in Wasser und spülte dein Blut von dir ab und salbte dich mit Öl. Und ich bekleidete dich mit Buntgewirktem und beschuhte dich mit Seekuhfellen, und ich umwand dich mit Byssus und bedeckte dich mit Seide; und ich schmückte dich mit Schmuck: ich legte Armringe an deine Hände und eine Kette um deinen Hals, und legte einen Reif in deine Nase und Ringe in deine Ohren und setzte

eine Prachtkrone auf dein Haupt ... und du warst überaus schön und gelangtest zum Königtum."
Hesekiel 16,9-13

Oh, wie ist seine Liebe doch so unendlich groß! Er sieht sich unsere Herkunft an, wie wir uns danebenbenommen haben, nimmt uns an, so wie wir sind, und dann fängt er an, die kostbaren Steine zu polieren. Nur, wenn wir uns der Reinigung und Läuterung nicht entziehen, werden wir strahlend aus diesem Prozeß herauskommen, werden andere Jesus in uns sehen. Unser Spiegel fängt so an zu glänzen, daß seine Herrlichkeit sich darin widerspiegelt (2. Korinther 3,18). Die Verhüllung ist weggenommen, die Salbung ausgegossen. Wenn wir so mit Tanz und körperlichem Ausdruck in das Heiligtum kommen, ist es nicht mehr „trübe" durch unser Fleisch. Das Volk Gottes wird dann ein Kronenstein, funkelnd in seinem Lande sein (Sacharja 9,16). Und ist es nicht das, wonach wir uns so sehnen? Gottes Herz darstellen zu können, seinen perfekten Willen prophetisch ausdrücken zu können? Gott sehnt sich danach, daß die ganze Erde seinen Namen kennen wird:

„... um dir meine Kraft zu zeigen, und damit meinen Namen verkündige auf der ganzen Erde."
2. Mose 9,16

„Und er sprach: laß mich doch deine Herrlichkeit sehen!"
2. Mose 33,18

Das Wort „zeigen" im Grundtext *raw-ah* bedeutet: *erscheinen, etwas genießen, erfahren, präsentieren.* Wenn man Flaggen schwenkt, tanzt, Banner erhebt, wenn man ein Theaterstück aufführt, zeigt man Gottes Herrlichkeit. Da das alles ohne Worte geschieht, muß die „Darstellung" eindeutig und kraftvoll sein. Man ist sichtbar. Menschen sehen sich so etwas an in der Hoffnung, etwas zu empfangen. Hier ist falsche Demut fehl am Platz. Man ist ein Priester und ein Prophet, der die Menschen zu Gott bringt. Bewegung geschieht im vollen Bewußtsein, wer man in Christus ist, im Wissen, daß man rein ist, eines Königs würdig!

KLEIDER DES HEILS

Dies muß auch durch die richtige Wahl der Kleider zum Ausdruck gebracht werden. Wenn man von innen verändert ist, muß das auch an der Außenseite sichtbar sein, nicht wahr? Kleidung überbringt eine Botschaft und spricht ihre eigene Sprache. Sie läßt deutlich werden, was in uns lebt. Als Frau ist es sicher ratsamer, sich an den Maßstäben Gottes zu orientieren als an denen der Welt. Ungekämmtes Haar, Jeans, enge und langweilige, formlose Kleider, hohe Absätze oder zuviel bloße Haut lenken sicher die Andacht weg von dem, um das es wirklich geht. So sind wir wahrscheinlich eher ein Hindernis als eine Inspirationsquelle. Man kann es sich kaum vorstellen, aber manchmal sehen die Redner besser aus als die Tänzer.

Viele Frauen haben noch nicht begriffen, daß Männer besonders durch das angesprochen werden, was sie sehen. „Im Hause Gottes springen und tanzen?" – Ja, wunderschön! Aber dann bitte mit BH. „Beuge dich vor dem Herrn?" – Amen! Aber dann lieber nicht in einer engen Stretchhose, mit dem Po in Richtung Saal! Gott findet es herrlich, wenn wir uns in ihm verlieren, aber nicht ohne Verstand und Anstand.

Wieviele verschiedene Möglichkeiten bestehen wohl, um geschmackvoll und kreativ zu erscheinen? Lange weite Röcke, weite Hosen, Wickelröcke, enge T-Shirts mit einer hübschen Weste, Schals, breite Gürtel, Bänder an der Kleidung und im Haar. Natürlich braucht man seinen eigenen Geschmack nicht zu verleugnen, der Herr leitet uns gerne, wenn wir ihn fragen. Bleibe dir selbst treu, aber halte dir die „Priesterkleidung" vor Augen. Mögen die Schneiderinnen unter uns doch jetzt aufstehen! Mit wenig Geld kann man sich die schönsten Kleider und Accessoires selbst nähen. Mögen sich die prophetischen Teams finden! Präsentiert und offenbart Gottes Herrlichkeit und Kraft auf eine Weise, die ihm würdig ist, so daß viele ihn sehen und finden werden.

DER LÖWE VON JUDA BRÜLLT

> „Und Jehova brüllt aus Zion und läßt aus Jerusalem seine Stimme erschallen, und Himmel und Erde erbeben."
>
> Joel 3,16

„Jehova wird ausziehen wie ein Held, wie ein Kriegsmann den Eifer anfachen; er wird einen Schlachtruf, ja, ein gellendes Kriegsgeschrei erheben."

Jesaja 42,13

Jesus, der Löwe aus Juda, dem Stamm des Lobpreises, brüllt. Sein Brüllen wird auf der ganzen Erde gehört, es ist das Geräusch der Stimmen, deren Lobpreis in den Kehlen der Gläubigen anschwillt. Das Geräusch derer, die durch Gebet und Fürbitte zusammen den geistlichen Kampf aufgenommen haben. Auch ist es die Stimme von Sterbenden, nämlich derer, die ihr eigenes Leben abgelegt haben, ihren Komfort, ihre Zeit, ihr Geld und ihre Energie in das Königreich Gottes gesteckt haben. Das sind die Menschen, die den Preis bezahlt haben, um in der „Armee" Gottes mitmarschieren zu können. Das Reich Satans stürzt ein, Lücken entstehen in seinen Mauern, seine Pläne werden vereitelt. Gott ist dabei, seine Gemeinde, die „Armee" der Endzeitgeneration, aufzurichten, eine Armee von Kämpfern und Anbetern, die ihm durch alles folgen werden, um das Urteil über die Feinde Gottes zu vollstrecken.

„Sie werden Jehova nachwandeln: wie ein Löwe wird er brüllen."

Hosea 11,10

„Siehe, ein Volk: gleich einer Löwin steht es auf, und gleich einem Löwen erhebt es sich."

4. Mose 23,24

Wußten Sie, daß es die Löwinnen sind, die auf die Jagd gehen? Der Löwe gibt ihnen Deckung und beschützt sie. Ich glaube, daß Gott etwas ganz Besonderes unter den Frauen von heute tun möchte. Denn er, der Löwe von Juda, wohnt in uns. Und je mehr wir ihm ähnlich werden, desto mehr wird auch die Mentalität eines Kämpfers in uns geboren werden. Und das wird sich natürlich auch in unserem Ausdruck bemerkbar machen. Wenn wir den Löwen in uns loslassen, wird auch die Stimme des Herrn hörbar werden, und wir werden den Feind zittern sehen!

Dann tut sich eine neue Dimension auf, wenn wir unsere Banner und Flaggen erheben, und wir wachsen von vorsichtiger Anbetung zur öffentlichen Konfrontation mit dem Feind. Dann werden wir nicht nur die geschmückte Braut, sondern auch Soldaten in Gefechtskleidung sein!

> *„Der Herr erläßt einen Ausspruch: ‚Siegesbotinnen, eine große Schar!' Die Könige der Heere fliehen, sie fliehen! Und auf der Stätte des Hauses verteilt man Beute."*
>
> Psalm 68, 12 u. 13

Frauen Gottes, eure Zeit ist gekommen! Zeit für ein Königreich, eine Zeit, zu regieren. Seht euch nicht nach dem Alten um, denn der Herr tut etwas Neues! Laßt ein Brüllen aus eurer Mitte hören, das Brüllen des Löwen von Juda! Dann werden wir überall, wohin wir kommen, den Sieg erlangen und die Beute einbringen. Viele werden in das Königreich hereingeholt werden, und dann wird er, Jesus, kommen. Und er wird seinen Lohn mit sich bringen!